歴史文化ライブラリー
535

六波羅探題

京を治めた北条一門

森 幸夫

吉川弘文館

目次

六波羅探題以前―プロローグ……1
鎌倉幕府の役割と洛中警固／初期の京都守護／後鳥羽院政期の京都守護と在京御家人

六波羅探題の成立

承久の乱と六波羅探題……11
承久の乱の勃発／幕府軍の出陣／幕府軍の勝利／六波羅探題の誕生／戦功者の報告と戦没者の慰霊／秩序の回復／新補地頭の成立／創設期の六波羅探題

北条泰時帰東後の六波羅探題……26
北条時房の在京／北条時氏・時盛の探題就任／時氏・時盛の活動／承久の乱の余燼／若き探題を支えた人びと

六波羅探題とその職掌……37
六波羅探題とは／六波羅の職掌
歴代の六波羅探題……44
探題の就任者／探題の上洛
探題の配下たち……55
在京人／探題被官
極楽寺流北条氏の探題時代
探題北条重時の活躍……61
重時の上洛／重時の政治手腕／伊勢公卿勅使派遣の援助／相次ぐ寺社紛争／九条道家への警戒／後嵯峨天皇の守護
探題北条長時・時茂・義宗の時代……74
長時の活動／時茂と時輔／極楽寺流を支えた有力被官／義宗の時代
転換期の六波羅探題
探題北条時村の時代……91
時村の探題就任／官僚機構の整備／時村の政治姿勢／再度の蒙古襲来／時

村の苦悩／時村の探題離任
探題北条兼時・北条久時の時代……104
兼時の探題就任／平頼綱の朝政介入／悪党への対処／久時の探題就任／久時の時代
探題を支えた在京人たち
洛中警固を担った在京人……119
在京人の構成／小早川氏の活動／摂津の伊丹氏
六波羅探題の官僚たち……128
六波羅の高級官僚／六波羅評定衆長井氏／長井貞重の活躍／実務を担う奉行人／六波羅奉行人斎藤氏
南方探題主導の時代
南方執権探題大仏宗宣の登場……143
宗宣の執権探題就任／南方執権探題出現の背景／宗宣の活動
探題金沢貞顕の時代……149
貞顕の南方探題就任／南方執権探題貞顕／貞顕の鎌倉下向と貞房の上洛／貞顕の北方探題就任

南方探題大仏維貞と悪党鎮圧……160
維貞の探題就任／維貞の悪党鎮圧／大仏家の内部事情

六波羅探題の滅亡

正中の変と探題金沢貞将の上洛……171
正中の変／探題貞将の上洛と範貞／在京人の動向／在京得宗被官

六波羅探題の最期……183
探題仲時・時益の上洛／元弘の乱はじまる／追い詰められる六波羅探題／六波羅探題の最期

なぜ滅亡したのか―エピローグ……195
六波羅探題とともに滅亡した人びと／滅亡の要因／六波羅探題の歴史的位置

あとがき

参考文献

六波羅探題以前——プロローグ

1　六波羅探題以前

よく知られているように六波羅探題《ろくはらたんだい》は、京都に設置された鎌倉幕府の地方機関である。承久《じようきゆう》の乱《らん》での鎌倉方の大将軍北条泰時《ほうじようやすとき》と同時房《ときふさ》が、承久三年（一二二一）六月、京方との戦いに勝利して六波羅の地に居を定め、発足した。その後、鎌倉幕府が滅亡する正慶二年（元弘三年〈一三三三〉）五月まで、百十年以上にわたり、京都やその周辺に目を光らせたのである。六波羅探題の移り変わりについては本論で述べていくが、その前提として、六波羅探題設置以前に京都に置かれた京都守護《きようとしゆご》や在京御家人《ざいきようごけにん》についてみておきたい。承久の乱以前の、京都守護・在京御家人と朝廷との関係を把握して、六波羅探題がどのような立ち位置から朝廷との関係などを再構築していったのかを理解するためである。源頼《みなもとのより》朝《とも》の時代からの京都守護・在京御家人や洛中警固《らくちゅうけいご》についてみておきたい。

鎌倉幕府の役割と洛中警固

治承四年（一一八〇）八月、伊豆《いず》の源頼朝が挙兵する。頼朝は相模《さがみ》の石橋山合戦《いしばしやまかっせん》で大敗を喫したものの、房総半島に逃れ、そののち南関東の武士たちを勢力下に収め、十月鎌倉入りする。十二月には新造《しんぞう》の御所《ごしょ》に御家人《ごけにん》三百十一人が出仕し、鎌倉殿《かまくらどの》頼朝を主君とする武家権力が誕生するのである。鎌倉幕府のはじまりであった。

元暦元年（一一八四）正月に源義仲《みなもとのよしなか》、文治元年（一一八五）三月に平家、そして同五年九月に奥州藤原氏《おうしゅうふじわらし》を滅ぼし、鎌倉幕府は唯一無二の武家権力となった。戦いのなかで頼朝配下の御家人たちは、敵方の所領《しょりょう》を給与されて地頭《じとう》となり、さらに信認の厚かった御家人は、惣追捕使《そうついぶし》（守護《しゅご》）に任じられ一国内の武士の統率を委ねられた。鎌倉幕府が成長し、武家の首長鎌倉殿を頂点とする御家人体制が成立していったのである。

鎌倉時代は公家と武家が並立した公武二元の時代である。頼朝は挙兵したときには流人であった。父義朝《よしとも》に従軍した平治の乱《へいじのらん》（一一五九）の敗北者として、罪科に処され、伊豆に流されていたのである。頼朝が正式に罪を赦されるのは寿永二年（一一八三）十月のことである。都で後白河法皇と源義仲の関係が悪化するなか、頼朝は朝廷に接触して後白河《ごしらかわ》から罪科を解かれ、東国《とうごく》の支配権を容認される（寿永二年十月宣旨《せんじ》）。鎌倉の武家権力は、賊軍から官軍へと変わっていった。

このように鎌倉幕府は、戦いとともに成長し、朝廷との交渉によって公権力となっていった。文治五年に奥州藤原氏を滅ぼし、戦乱の時代は終わり、頼朝が向き合うべき相手は朝廷のみとなった。翌建久元年（一一九〇）十一月頼朝は上洛し、後白河法皇や摂政《せっしょう》九条《くじょう》兼実《かねざね》と交渉して、朝廷との関係において幕府がどのような役割を果たすべきかを取り決めることとなる。そして建久二年三月、海陸の盗賊や放火などの重罪人を頼朝（つまり配下の御家人）が取り締まることが宣旨で決定された（三代制符《さんだいせいふ》）。平たくいうと、幕府は平時には京都や諸国の治安維持を担い、有事には反乱などを鎮めることがその仕事とされたのである。このため、弱体化した検非違使《けびいし》に替わり洛中警固を行い、のちの蒙古襲来《もうこしゅうらい》や悪党《あくとう》鎮圧などにも幕府（六波羅探題）の対応義務が生じることとなるのである。

建久二年十一月頼朝は、京中の重罪人を検非違使から御家人が請け取って夷島に流刑するという、幕府による処断代行を朝廷に申し入れてこれが実行された（『都玉記《とぎょくき》』）。貴族たちが忌み嫌う穢《けがれ》の問題もあり、検非違使は罪人を厳しく罰することができなかった。頼朝はそのような状況を承知しており、庁例《ちょうれい》というゆるやかな寛刑を旨とする検非違使の慣例法に抵触することなく、京都の治安維持に協力したのである。また頼朝は、畿内近国守護を中心とする御家人を京都に常駐させ、洛中警固制度を成立させる。かれらは在京御家人と呼ばれ、佐々木・大内・小野・加藤・後藤氏らがその中心メンバーとなった（森幸夫 二〇〇五）。

初期の京都守護

承久の乱で六波羅探題が設置される以前、鎌倉幕府が京都に置いた役職が京都守護である。その歴代は、北条時政《ほうじようときまさ》（文治元年）・一条能保《いちじようよしやす》（文治二年）・中原親能《なかはらちかよし》（正治二年〈一二〇〇〉ころ）・平賀朝雅《ひらがともまさ》（建仁三年〈一二〇三〉）・中原季時《なかはらすえとき》（元久二年〈一二〇五〉）・伊賀光季《いがみつすえ》（承久元年）・大江親広《おおえのちかひろ》（同年）の七人である（括弧内は任命された年次を示す）。その活動の様子について少しみておこう。

北条時政は源頼朝の妻北条政子《ほうじようまさこ》の父で、文治元年十一月、頼朝代官《だいかん》として上洛し、後白河法皇に「守護地頭」設置を要求した。これは後白河が、兄頼朝に叛いた義経《よしつね》に、頼朝追討の宣旨を与えてしまったことが背景にあり、時政は義経の捜索や謀叛人所領の調査などを行って文治二年三月に京都を離れる。群盗十八人を斬首したこともあったが、時政の本務が京中の治安維持にあったわけではなかった。

一条能保は頼朝の姉妹を妻とした公家である。文治二年二月、京都守護となり、建久八年十月に死去している。能保は建久二年二月に検非違使別当《べっとう》に任じられ、同年十二月まで在任した。頼朝が、京中重罪人の夷島流刑を申し入れたときの検非違使別当であり、頼朝の提案に同意してこれを実現させたものと思われる。ただし能保の別当在職期間は短かった。これより先の文治三年八月、東国の有勢御家人千葉常胤《ちばつねたね》と下河辺行平《しもこうべゆきひら》が上洛して洛中の狼藉を鎮めているので、能保はさしたる武力を保持しておらず、洛中警固は建久年間（一一九〇～九九）以降、在京御家人が独自に担っていたものと考えられる。

頼朝の時代は、北条時政と一条能保という、頼朝の義父、義兄弟が京都守護となった。ただし京都守護とはいっても、その名の通り洛中警固に専従したわけではなかった。京都守護の組織は曖昧であり、また、のちの六波羅探題のように代々継承される役宅《やくたく》も存在しなかった。主に頼朝の代官として公武の連絡を担当したにすぎなかったとみられる。極論すれば、京都守護とは組織ではなく個人であった。頼朝の信頼する時政・能保という個人が、朝幕間の連絡役を果たしたのである。

源頼朝は正治元年正月に死去し、武家首長たる鎌倉殿の地位は子頼家《よりいえ》が継承するが、一方京都では、前年の建久九年正月から後鳥羽《ごとば》上皇による院政《いんせい》が開始されていた。後鳥羽院政は承久の乱まで続く。

後鳥羽院政期の京都守護と在京御家人

中原親能・平賀朝雅・中原季時・伊賀光季・大江親広の五人は、後鳥羽院政期に京都守護となった。光季と親広のように二人が並んで在任した時期もあった。その出自は、親能は京下り官人《かんじん》で、中原季時はその子息である。平賀朝雅は源氏《げんじ》一門の有力者大内義信《おおうちよしのぶ》の子、伊賀光季は北条義時《ほうじようよしとき》の妻伊賀局《いがのつぼね》の兄弟、大江親広は大江広元《ひろもと》の子である。平賀朝雅以外は、文官的性格の強い人びとといってよい。ここでその活動について個別的にみることは省略するが、京都守護が、たとえば、御家人の土地争いの訴訟を裁いた事例が見当たらないごとく、その権限は弱く、朝幕間の連絡役という役割は基本的に変化していなかったものと考えられる。洛中警固も、在京御家人がその主力となっていたのである。それよりも、この時期で注意されるのは、京都守護が後鳥羽上皇に取り込まれる事態が生じていることである。

平賀朝雅は北条時政の婿でもあったが、元久元年四月、伊勢《いせ》・伊賀《いが》の平氏《へいし》残党を討伐したころから後鳥羽に仕えるようになり、右衛門佐《うえもんのすけ》に任じられ院に祗候《しこう》するようになった。

しかし、牧氏《まきし》の変《へん》に連座し元久二年閏七月京都で討たれてしまう。また、大江親広は幕府創業の功臣大江広元の嫡子《ちゃくし》でありながら、承久の乱では後鳥羽上皇に与《くみ》することとなる。京都守護は幕府の役職であるとはいっても、組織ではなく個人であり、幕府に反旗を翻すこともあったのである。

洛中警固を担った在京御家人も後鳥羽上皇の武力に組み込まれていった。在京御家人は後鳥羽から直接命令を受け、比叡山《ひえいざん》や興福寺《こうふくじ》などの強訴《ごうそ》を阻止するため軍事動員されている（『吾妻鏡《あずまかがみ》』『明月記《めいげつき》』）。在京御家人の佐々木広綱《ささきひろつな》、大内惟信《おおうちこれのぶ》、小野義成《おのよしなり》・成時《なりとき》、加藤光員《かとうみつかず》、後藤基清《ごとうもときよ》らは検非違使に任じられ、院の北面《ほくめん》・西面武士《さいめんのぶし》となり、その武力機構に組織されていったのである。これは後鳥羽上皇にしてみれば、白河《しらかわ》院政期以来の、在京武士を動員して京都の警固を行わせるという方式を基本的に踏襲したものであった（木村英一二〇一六）。そして京都守護が、在京御家人を組織・統括できる機関でなかった以上、院と在京御家人との密接な関係を断ち切ることは不可能であったのである。在京御家人と京都守護との関係は、同じ在京の御家人として横並びの状態にすぎなかった。しかし、このような後鳥羽上皇との関係から、在京御家人の多くが承久京方となってしまうのである。承久の乱後、鎌倉幕府は院の武力を解体し、幕府に準じた組織を京都に設置するのである。

それが六波羅探題なのであった。

本書では六波羅探題について、機能の変遷などを踏まえ、通史的に考えてみたいと思う。鎌倉とは別世界である京都という地で、六波羅探題は朝廷や大寺社などとさまざまな折衝を行わなければならなった。政治家としての探題北条氏の力量が問われることもあった。『吾妻鏡』では知ることのできない、苦闘する北条氏の生の姿が見出されるのである。

六波羅探題の成立

承久三年（一二二一）五月、後鳥羽上皇《ごとばじょうこう》は宣旨《せんじ》を発して鎌倉幕府執権北条義時《しっけんほうじょうよしとき》の追討を命じた。しかし幕府は十九万騎にも及ぶ大軍を京都に向けて進軍させ、上皇軍を打ち破り入京する。東海道大将軍《とうかいどうだいしょうぐん》北条泰時《やすとき》と北条時房《ときふさ》が京都の拠点としたのが六波羅《ろくはら》である。ここに六波羅探題《ろくはらたんだい》が創設された。泰時は北方探題、時房は南方探題となり、承久京方の処分や新補地頭《しんぽじとう》設置のための没収地調査などを行った。元仁元年（一二二四）泰時は父義時《よしとき》の死去に伴い鎌倉に帰還し、しばらくは時房単独で六波羅探題の任務を行うが、時房も鎌倉に戻り、探題職は泰時の子時氏《ときうじ》、時房の子時盛《ときもり》に引き継がれる。時氏・時盛も、京方与党人の追捕《ついぶ》など承久《じょうきゅう》の乱《らん》の戦後処理を主要な任務とした。

11　承久の乱と六波羅探題

承久の乱の勃発

承久三年（一二二一）五月十五日、後鳥羽上皇は京都守護《きょうとしゅご》伊賀光季《いがみつすえ》を討ち滅ぼし、鎌倉幕府執権北条義時追討の宣旨・院宣《いんぜん》を発した。承久の乱の勃発である。五月十九日、宣旨は鎌倉にもたらされ、三浦義村《みうらよしむら》・足利義氏《あしかがよしうじ》らの有力御家人《ごけにん》に対しては、京方への参加を促す上皇の院宣も出された。しかしながら、尼将《あましょう》軍《ぐん》北条政子《ほうじょうまさこ》による御家人らの一致団結を求める「演説」もあり、義村らが離反することはなかった。

幕府は北条義時・三浦義村・安達景盛《あだちかげもり》らが軍議を行い、足柄山《あしがらやま》や箱根山《はこねやま》を固めて、京方軍勢を迎え撃つという作戦を決定した。このような消極的な作戦に落ち着いたのは、朝廷の敵となった武士が、京都に攻め込んで勝利したことがほとんどなかったためである。勇猛果敢な東国《とうごく》御家人であっても、朝廷と戦うことは恐怖であり、想定外であったのである。しかし政所別当《まんどころべっとう》大江広元《おおえのひろもと》や問注所執事《もんちゅうじょしつじ》三善康信《みよしやすのぶ》の進言に従い、幕府軍は京都に向けて出陣することに決する。大江広元と三善康信とは、鎌倉幕府草創期に、京都から鎌倉に下向し源頼朝《みなもとのよりとも》に仕えた実務官人《かんじん》であるが、かれらは朝廷の表と裏の世界を知り尽くしており、朝廷に対していわれなき恐怖心を抱いてはいなかったのである。

幕府軍の出陣

五月二十二日、北条泰時は十八騎の武士を従えて鎌倉を出陣した。『吾《あ》妻鏡《ずまかがみ》』によると、子息北条時氏・弟北条有時《ありとき》・北条五郎（北条時定《ときさだ》の子弟か）ら北条一族三名と、尾藤景綱《びとうかげつな》・関実忠《せきさねただ》・平盛綱《たいらのもりつな》・南条時員《なんじょうときかず》らの被官《ひかん》十五名であった。幕府軍は二十五日までには京都へ向けて進軍し、その総勢は十九万騎に達したという。『吾妻鏡』承久三年五月二十五日条には、軍編成を、

・東海道軍は十万余騎。大将軍は相州（北条時房）・武州（北条泰時）・同太郎（北条時氏）・（足利）武蔵前司《むさしぜんじ》義氏・（三浦）駿河《するが》前司義村・千葉介胤綱《ちばのすけたねつな》

・東山道《とうさんどう》軍は五万余騎。大将軍は武田《たけだ》五郎信光《のぶみつ》・小笠原《おがさわら》次郎長清《ながきよ》・小山《おやま》新左衛門尉朝《とも》長《なが》・結城《ゆうき》左衛門尉朝光《ともみつ》

・北陸道《ほくりくどう》軍は四万余騎。大将軍は（北条）式部丞《しきぶのじよう》朝時《ともとき》・結城《ゆうき》七郎朝広《ともひろ》・佐々木《ささき》太郎《たろう》信実《のぶざね》

のように記す。軍勢を三手に分けて上洛させたのである。以下『吾妻鏡』によりながら、その行軍の様相をみてみよう。

北条泰時軍は五月二十五日東海道を西に進み駿河国に入る。鎌倉出陣から三日後のことである。途中の伊豆《いず》や駿河は北条氏の守護国《しゆごこく》であったから、軍勢を集結しつつ行軍したのである。泰時の叔父北条時房や、足利義氏・三浦義村らの東海道軍も泰時の出陣後、鎌倉を進発していた。泰時と時房らは遠江《とおとうみ》の国府《こくふ》で合流したようである。六月五日、幕府東海道軍は尾張一宮に到着し、泰時・時房・義氏・義村らは軍議を行い、軍勢の手分けを行った。翌六日、泰時や義村らは美濃《みの》国摩免戸《まめど》に、時房や安達景盛らは同国墨俣《すのまた》に進軍し、上皇軍に大勝する。いよいよ京方との本格的な戦いが始まったのである。七日、幕府軍は美濃国野上《のがみ》・垂井《たるい》に至り、再び軍勢の手分けを行う。北条泰時の軍勢は山城《やましろ》国宇治《うじ》を、北条時房の軍勢は近江《おうみ》国勢多《せた》（瀬田）を突破して、京都を目指すことが決定されたのである。十二日、幕府軍は近江国野路《のじ》に陣《じん》を布《し》く。

図１　宇治川　宇治市提供

幕府軍の勝利

承久の乱の戦いのなかで、最も激戦となったのが宇治川合戦《うじがわかっせん》である。梶原《かじわら》源太景季《かげすえ》と佐々木四郎高綱《たかつな》との先陣争いなどで知られるように、平安末期の源平合戦《げんぺいのかっせん》において、宇治が主戦場となったことはよく知られている。承久の乱でも宇治川をはさみ、京方と幕府軍との間で激しい攻防が繰り広げられた。

京方は、源有雅《みなもとのありまさ》・高倉範茂《たかくらのりもち》らの後鳥羽上皇側近の公家《くげ》や、近江の有力武士佐々木広綱《ひろつな》、熊野《くまの》の小松法印快実《かいじつ》らが宇治を守っていた。その勢は二万騎に及び、京方はここに主力を配置していた。六月十四日、宇治川での北条泰時を中心とする幕府軍と上皇軍との雌雄を決する戦いが開始される。前日の雨により宇治川は激流となり、また京方によって宇治橋《うじばし》が壊されたため、容易に川を渡ることはできなかった。しかし泰時配下の武士が、やや下流の真木島（槙島）が徒渉可能なことを見出し、春日貞幸《かすがさだゆき》や佐々木信綱《のぶつな》らの幕府軍が先陣を切って渡河を始めた。増水した宇治川の流れは急であり、幕府軍は八百余騎もが溺死したが、泰時の嫡男時氏や三浦泰村《やすむら》らが相次いで渡河に成功して、上皇軍と戦った。さらに泰時が渡河して力を得た幕府軍は、京方の藤原朝俊《ふじわらのともとし》や小野成時《おののなりとき》を討ち取り、源有雅・高倉範茂らを敗走させた。

勢多でも激しい戦いが繰り広げられていた。六月十四日、北条時房を主将とする幕府軍は勝利し、京方の大江親広《ちかひろ》・藤原秀康《ひでやす》・小野盛綱《もりつな》・三浦胤義《たねよし》らは敗走した。翌十五日の巳刻《みのこく》（午前十時ころ）北条泰時と時房の軍勢は入京を果たし、幕府の京都における拠点六波羅に入った。

六波羅探題の誕生

六月十六日、北条泰時と時房は六波羅の館に移った。ここに鎌倉幕府の西国《さいごく》統治機関である六波羅探題が誕生したのである。泰時は北側に館を構えたため六波羅北方《きたかた》、対して南側に館のあった時房は六波羅南方《みなみかた》と呼ばれた。ただしこの時点で、両名が居住する六波羅館がどの程度整っていたかは不明である。

『吾妻鏡』同日条は、泰時・時房の六波羅館入りについて、「右京兆《うけいちょう》（北条義時）の爪《そう》牙耳目《がじもく》のごとく、治国《ちこく》の要計を廻《めぐ》らし、武家《ぶけ》の安全を求む」と、その役割を記す。つまり泰時・時房が、「鎌倉の北条義時の指示を忠実に実行して、支配・統治のための体制を整え、幕府の勢力を安泰たらしめる」という任務である。義時の指示を仰ぎつつ、泰時・時房が最初に実行したのは承久の乱の戦後処理であった。

泰時は六波羅館に移ったその日、飛脚《ひきゃく》を発し戦勝を鎌倉に報じた。二十三日、この報告は鎌倉に届き、二十九日になって東使の義時被官安東光成《あんどうみつなり》が入洛し、京方張本人らの断罪を指示する幕府の命がもたらされた。泰時・時房は、三浦義村・毛利季光《もうりすえみつ》らと合議しつつ、この幕府の指令を実行していく。

七月八日、後鳥羽《ごとば》上皇の兄にあたる入道守貞親王《にゅうどうもりさだしんのう》（後高倉上皇）を治天《ちてん》の君《きみ》に指名して院政《いんせい》を行わせ、翌日、後鳥羽の孫で順徳《じゅんとく》上皇の子仲恭《ちゅうきょう》天皇を廃し守貞の子茂仁《ゆたひと》王を践祚《せんそ》させた。後堀河《ごほりかわ》天皇の擁立である。次いで乱の首謀者後鳥羽上皇を隠岐《おき》に配流し、さらに乱を積極的に推進した順徳上皇を佐渡《さど》、六条宮雅成親王《まさなりしんのう》を但馬《たじま》、冷泉宮頼仁親王《よりひとしんのう》を備前《びぜん》に移した。なお閏十月には、土御門《つちみかど》上皇が土佐《とさ》に赴いている（のちに阿波《あわ》に移る）。土御門は北条義時追討には関与していなかったが、父である後鳥羽への思いから、自ら配流を望んだのである。また七月八日には摂政《せっしょう》職が九条道家《くじょうみちいえ》から近衛家実《このえいえざね》へと更迭《こうてつ》された。

京方張本人たちの処分は厳しかった。一条信能《いちじょうのぶよし》・葉室光親《はむろみつちか》・中御門宗行《なかみかどむねゆき》・高倉範茂・源有雅らは、後鳥羽上皇側近として乱に加担したため、公卿《くぎょう》の身でありながら御家人たちに預けられ、東国に下される途中で殺害された。坊門忠信《ぼうもんただのぶ》も張本公卿であったが、三代将軍 源 実朝《みなもとのさねとも》の未亡人西八条禅尼《にしはちじょうぜんに》の兄であったため、助命された。

生き残った京方武士も捕らえられ、斬首された。七月二日、後藤基清《ごとうもときよ》・五条有範《ごじょうありのり》・佐々木広綱・大江能範《よしのり》の四人が首を刎《は》ねられている。かれらは幕府の御家人であったが、後鳥羽上皇に北面《ほくめん》・西面武士《さいめんのぶし》としても仕え、幕府と朝廷に両属していた。在京御家人《ざいきょうごけにん》として活動していたのだが、京中の治安維持にあたる検非違使《けびいし》に任じられ、次第に院の武力に組み込まれて京方となってしまったのである。また十月六日には、逃亡していた藤原秀《ひで》康《やす》・秀澄《ひでずみ》兄弟を河内国《かわち》で捕らえ、京都で処刑している。秀康は後鳥羽の近習《きんじゅう》で、京方の主将ともいえる武士であった。京方張本人の中心人物である。二位法印尊長《そんちょう》や大内惟《おおうちこれ》信《のぶ》・和田朝盛《わだとももり》など、逃亡した者も少なくなかったが、六波羅探題は京方張本への追及の手を緩めることはなかった。

戦功者の報告と戦没者の慰霊

京方張本の断罪を行う一方で、武勲を立てた御家人たちに対し、恩《おん》賞《しょう》がもらえるよう計らうことも六波羅探題の重要任務であった。『吾妻鏡』承久三年六月十八日条には、宇治川の戦いで勲功のあった武士の交名《きょうみょう》（名簿）が載せられている。そこには総数五百名近くの武士の名前が記され、①

敵を討ち取った者、②合戦で負傷した者、③討死《うちじに》した者、の三つに分類されて勲功者がまとめられている。この交名を鎌倉に送り、恩賞を申請したのである。泰時の被官関実忠と後藤基綱《ごとうもとつな》・金持兵衛尉《かなもちひょうえのじょう》の三人によって、戦功者の交名は作成された。宇治川の激戦からわずか四日後にそれが整えられている。泰時は、過酷な戦場で生死を顧みずに戦った麾下《きか》の御家人への配慮から、実忠らに、スピーディーな作業を命じたとみられる。『吾妻鏡』にはみえないが、一方の探題北条時房も、勢多合戦などにおける勲功者をリストアップしたものと考えられる。承久の乱の戦功者の調査とその報告は、六波羅の重要任務であった。

また北条泰時は、承久の乱での戦死者の慰霊も行っている。合戦によって、京方・幕府方ともに多数の戦死者が出た。無念の思いを懐《いだ》き落命した人びとが、怨霊と化しこの世に災いをもたらすことを恐れたとも思われる。戦没者を供養することは、現世の秩序維持に不可欠であると泰時は考えたのである。かつて鎌倉幕府の創設者源頼朝も源平合戦や奥州合戦などでの戦死者を供養していた。十月二十三日、泰時は、若君三寅《みとら》（九条頼経《くじょうよりつね》）および北条政子の息災と、戦没者の冥福を祈るため、醍醐《だいご》の地に堂塔を建立した（『吾妻鏡』「承久三年具注暦《ぐちゅうれき》」）。わずか二十日間で造ったので、世間ではこれを「廿日堂《はつかどう》」と呼んだという（『鎌倉年代記裏書』）。

秩序の回復

承久の乱の敗北により後鳥羽上皇は、こののち「武勇に携わる輩《ともがら》」を召し使わないことを宣言したという（『承久兵乱記』）。これに関わってであろう、北条泰時は、入京した六月に院御厩《いんおうまやべっとうしき》別当職に就任している（西園寺家文書）。前任者は後鳥羽の外戚《がいせき》坊門氏であったから、本来御厩別当には院近臣《いんのきんしん》が補任《ぶにん》されていたのである。泰時はこれを奪い、院権力が持っていた軍馬などの管理権を手中に収め、京とその周辺の武力を掌握したのである。六波羅探題によって、乱後の秩序回復がなされていくこととなる。

まずは合戦での略奪品の返還である。宇治川合戦で泰時軍は平等院《びょうどういん》に布陣したが、寺の宝物が武士によって奪われた。平等院の宝蔵《ほうぞう》には、藤原頼通《ふじわらのよりみち》をはじめとする歴代の摂政・関白《かんぱく》が蒐集《しゅうしゅう》した重宝《じゅうほう》が秘蔵されていたのである。摂政九条道家が返還を求め、泰時はこれに応じている（『百錬抄《ひゃくれんしょう》』）。また鞍馬寺《くらまでら》でも、関東武士の入京後の治安の乱れにより、略奪が行われていたことが知られる（鞍馬寺文書）。

京都のみではなく、各地で武士による濫妨《らんぼう》が行われたのはいうまでもない。承久の乱後、泰時・時房の両六波羅探題が発給した文書の多くは、これらの濫妨停止を命じたものである。戦勝に乗じて武士たちは、貴族や寺社の荘園《しょうえん》で暴力的な行為を繰り返していた。しかし幕府は、敵対した京方張本人を厳しく処罰したものの、公家や寺社、そして従来の荘園制などを破壊するつもりは毛頭なかった。後鳥羽流の皇統の代わりに、後高倉流から後堀河天皇を擁立し、後高倉上皇に院政を行わせたように、従来の秩序を維持しつつ、安定的な支配を目指すのが鎌倉幕府の基本方針であった。

承久の乱では、幕府方によって、段別《たんべつ》三升の兵粮米《ひょうろうまい》が諸国・諸荘園で徴収された。このため神社・仏寺の用途を欠き、権門勢家《けんもんせいか》の所領《しょりょう》支配も叶わなくなる事態が生じていた。乱後も、京方張本人の追捕などのため、兵粮米の徴収が継続したのである。承久三年十月二十九日、朝廷は「備前・備中《びっちゅう》二箇国を武士に宛て賜い、諸国諸庄三升米の濫責を停止」する官宣旨《かんせんじ》を発し、備前・備中両国を兵粮料国として幕府に与えた（東寺文書甲号外）。この官宣旨は、幕府の要請に基づき、朝廷が下したものと考えられるが、「備前・備中両国は泰時・時房等朝臣暫《しばら》く知行《ちぎょう》」（尊経閣古文書纂編年文書）とあるように、六波羅探題の知行国《ちぎょうこく》となったのである。泰時・時房の両探題によって、兵粮の分配が管理され、無秩序な徴収は停止されることとなっていく。なお貞応元年（一二二二）に備中を北条時房が拝領したとみえていたから（同）、備前は北条泰時が知行したとみてよいであろう。

貞応元年五月十八日には、諸国守護人や荘々《しょうしょう》地頭《じとう》らの非法の真偽を究明するため、泰

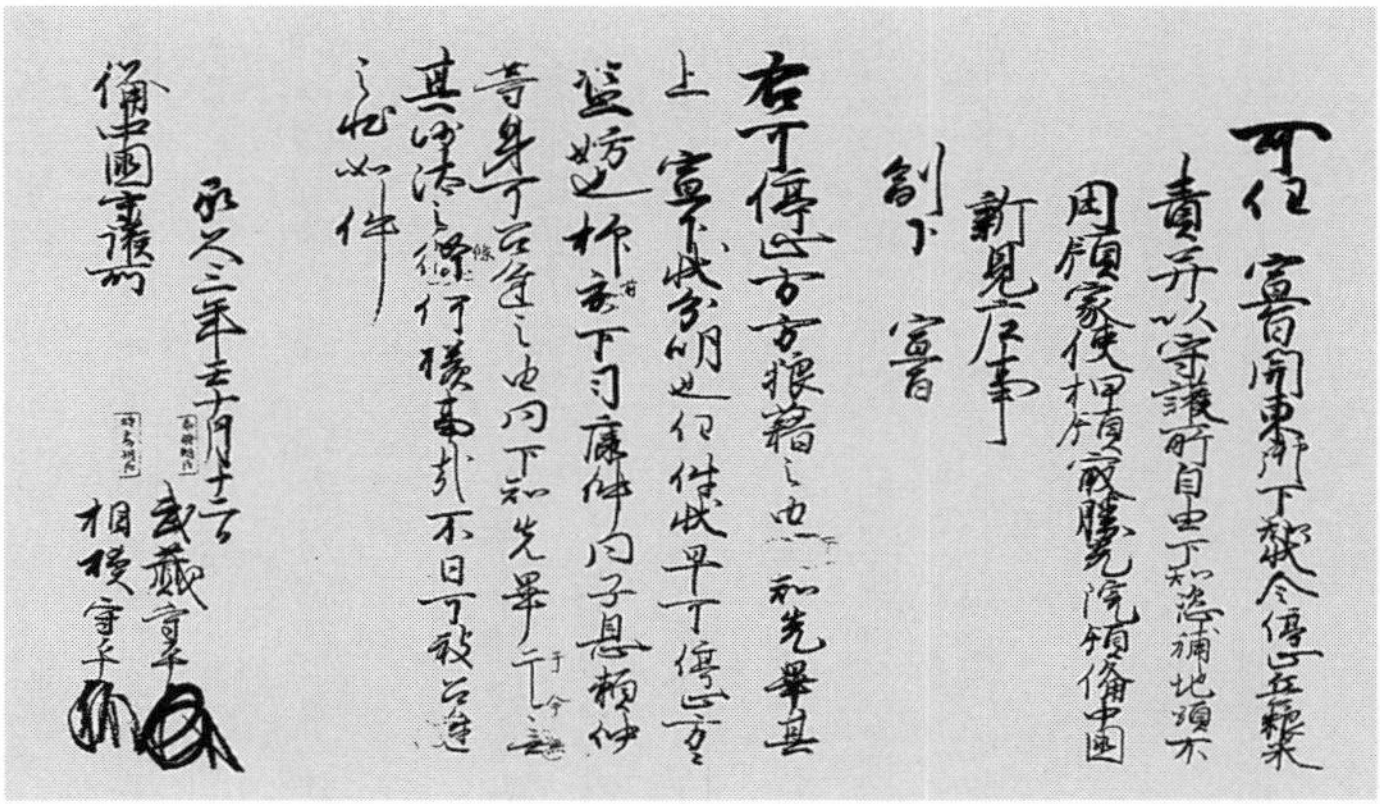

図２　承久３年閏10月12日付六波羅御教書　東寺文書千字文より，東京大学史料編纂所所蔵影写本

時・時房は六波羅管轄国内諸国へ代官《だいかん》を派遣することとなった（追加法七条〈『中世法制史料集　第一巻　鎌倉幕府法』〉）。これは前年の秋・冬に後高倉上皇院宣や摂政近衛家実の仰せによって、非法停止が命じられたものの履行されなかったため、幕府がその実態を六波羅に調査させたのである。朝廷の使者とともに泰時・時房の被官が各国に遣わされた。「相模《さがみ》守（時房）・武蔵守（泰時）、国々を相分かち、代官一人を相副えらるべし」とみえているから、両探題はそれぞれの担当国を決めて代官つまり被官を派遣したのである。

　このように泰時・時房の両六波羅探題は、幕府の指令を受け、朝廷と協力しつつ承久の乱後の秩序の回復に努めた。また、たとえば承久三年閏十月十二日、六波羅御教書《ろくはらみぎょうしょ》を発して、最勝光院《さいしょうこういん》領である備中国新見荘《にいみのしょう》への兵粮米徴収や違法な地頭補任を停止し、京方についた同荘前下司康仲《やすなか》・頼仲《よりなか》父子を捕えることを、備中守護所《しゅごしょ》に命じている（東寺文書千字文）ように、六波羅探題は、公家や寺社からの個別の訴えにも対応して、武士の非法停止や承久京方の追及を行ったことはいうまでもないところである。

新補地頭の成立

北条泰時は京方張本人の所領を調査させ、承久三年の八月初めまでに、三千余箇所の没収地を割り出し、これを鎌倉に報告している。また貞応元年四月二十六日、六波羅探題は、幕府から、諸国に「御使」を派遣して乱後の状況を調査するよう命じられている（追加法四〜六条）。ここでいう「御使」とは、先の追加法七条における「代官」と同意で、泰時・時房両探題の被官のこととみられる。

実例として、安芸《あき》国には泰時の被官平盛綱が下向し、京方武士の報告や、その所領の没収、さらに地頭の権限をめぐる相論《そうろん》を裁許したことが知られている（小早川家文書・熊谷家文書）。盛綱は承久の乱のとき、侍所所司《さむらいどころしょし》に在任していた（流布本『承久記《じょうきゅうき》』）ともされる有力被官であり、六波羅の特使「巡検使《じゅんけんし》」として安芸国の国府に下り、国衙《こくが》の在庁《ざいちょう》を指揮して乱後の処理を行ったのである。六波羅探題の管轄国内諸国に、泰時や時房の有力被官が派遣されたのである。

そして「御使」（「巡検使」）らの調査報告を踏まえ、貞応二年幕府において、これまで地頭のいなかった恩賞地を主対象に、新たに地頭の取得分を決めた新補率法《しんぽりっぽう》が制定されることとなる。同年六月十五日、田畠十町に対して免田《めんでん》一町を給い、段別に五升の加徴米《かちょうまい》取得を定めた、官宣旨が下される。七月六日、この内容を承けた関東御教書《かんとうみぎょうしょ》が、六波羅探題宛に発せられた（追加法九～一四条）。六波羅探題による調査が新補率法に結実したのである。新補率法の適用される地頭を一般に新補地頭と呼ぶ。いうまでもなく、新補地頭は承久没収地《じょうきゅうぼっしゅうち》が大量に生じた西国で多く補任された。新補率法が朝廷による官宣旨で公布されたのは、公家政権の支配が強く及んでいた西国を中心に施行される法令であったからだと考えられる。ただしこの官宣旨は当然ながら、幕府の要請によって発せられたものに違いない。多数の新補地頭に御家人が任じられ、畿内《きない》や西国に幕府勢力が浸透していくのである。

なお『太平記《たいへいき》』（西源院《さいげんいん》本）巻三十五に、北条泰時が貞応に「日本国の大田文《おおたぶみ》（土地台帳）」を作ったとされているのは、新補率法・新補地頭が、泰時在職時における、六波羅探題の調査活動を前提として成立したことに由来するものであろう。ただし、そうであるとしても、一方の探題北条時房も泰時と同様な活動を行っていたことを見落としてはならない。

創設期の六波羅探題

北条泰時と時房の入京により六波羅探題は成立した。これまで述べてきたように、当時の六波羅探題は京都占領軍として、承久の乱の戦後処理を主要任務として行ったのである。京方張本への追及や、没収地の調査、御家人と荘園領主《しょうえんりょうしゅ》らとのトラブル、等々の対応に追われた。南北両探題の手足となり、これらの激務をよく補佐したのが探題の被官たちである。泰時被官の関実忠・平盛綱の活動については前述した通りであり、泰時とともに上洛した、尾藤景綱や南条時員ら有力被官の活躍も想定されるところである。また北条時房の場合も、本間氏ら有力被官がその職務を支えたものとみられる。六波羅の創設期、在京人の制度もいまだ整っていなかったから、六波羅探題の政務を補佐したのは探題の家人《けにん》たちであったと考えられる。

ところで、六波羅の両探題である北条泰時と時房とはどのような関係にあったのだろうか。六波羅探題は通常、北方と南方の二名がいたが、あとで述べるように、一方がリーダーとして執権探題という地位にあった。もう少しのちになると、執権探題は公武関係における責任者としての性格を濃厚に帯びるようになる。受給文書による判断から時房を執権探題とみる説（久保田和彦　一九九六）があるが、幕府との連絡や院御厩別当職への就任、戦死者への慰霊行為など、六波羅探題としての活動は、時房より泰時の方が際立っているように思える。この時期の六波羅探題は京都占領軍という特殊な性格で、しかも両探題は激務の最中にあった。後年のように、一方の探題がリーダーとして執権探題の地位にあったとするのは自明なことではあるまい。兵粮料国の備前・備中支配のように、泰時・時房がそれぞれ一国の知行国主となるなど職務を二分していることも知られるのである。六波羅創設期に、執権探題を見出すのは困難であると思う。あえていうならば、時房よりも泰時の方に、重要性を帯びた活動がより多く見出されるのである。

北条泰時帰東後の六波羅探題

北条時房の在京

元仁元年（一二二四）六月十三日、鎌倉の執権北条義時が死去し、六波羅探題の北条泰時と時房は急遽鎌倉に下向する。義時は後妻伊賀氏《いがし》によって毒殺されたともいわれている（『明月記《めいげつき》』）。『吾妻鏡』によれば、鎌倉からの急報を受け、泰時は六月十七日、時房は同月十九日に出京し、ともに六月二十六日に鎌倉に到着した。六月二十八日、泰時は執権職（「軍営御後見」）に就くものの、こののち、弟の北条《ほう》条政村《じょうまさむら》擁立を謀る伊賀氏の陰謀事件を乗り越えなければならなかった。一方の時房についても『吾妻鏡』六月二十八日条は、泰時とともに「軍営御後見」つまり両執権のうちの連署《れんしょ》に就任したとしている。しかしながら、嘉禄元年（一二二五）十一月まで北条泰時と時房とが連署した鎌倉幕府の発給文書がみられないことや、このころ時房の在京が確認されることなどから、時房は程なく帰京し、六波羅探題に在職していたとする見解（上横手雅敬　一九七〇）が有力である。

歌人藤原定家《ふじわらのさだいえ》の日記『明月記』嘉禄元年六月十四・十五日条には、北条政子《まさこ》の重病によって北条時房が鎌倉に下向したことがみえる。七月十一日政子は死去し、時房は幕府連署に迎えられるのである。

近年、時房の連署就任につき『吾妻鏡』の記述を肯定する見方もあるが（久保田和彦　二〇一八）、嘉禄元年十一月まで幕府発給文書が、泰時・時房連署ではなく、泰時単署であったことを充分に説明しきれていないように思う。また、市河文書《いちかわもんじょ》の（貞応三年〈一二二四〉）十一月十三日付北条泰時書状は、同月十一日付の関東下知状《かんとうげちじょう》が出された事情を北条時房に説明したもので、本間左衛門尉（忠家《ただいえ》）を名宛人とする時房への披露状となっている。このとき、時房が連署の職《しき》にあったならば、幕府の公文書である関東下知状発給の事情を、泰時が時房に書状で説明するまでもあるまい。時房が当時六波羅探題として在京していたため、泰時はわざわざ時房の重臣（執事）本間忠家を通じ、披露状という丁重な形式で手紙を書いたと考えられるのである。この文書からみても、通説通り、時房は嘉禄元年六月まで六波羅探題であったとみるのが妥当であろう。

北条時氏・時盛の探題就任

『明月記』によると、嘉禄元年六月、時房が鎌倉に下ったとき、六波羅には、泰時の息時氏と、時房の二人の息子時盛・朝直《ともなお》が留まったという。同記嘉禄二年正月十二日条には、時盛以外の「相州（時房）子息男女、廿六日、引率下向」とあり、この時点で、時房の子息では時盛のみが在京することとなったのである。つまり、嘉禄元年六月の北条時房鎌倉下向後、六波羅には泰時息北条時氏と時房息北条時盛・朝直兄弟がいたが、翌年正月朝直が鎌倉に帰り、時氏・時盛両名のみの在京となったのである。時氏が六波羅探題北方、時盛が同南方である。

『吾妻鏡』では、時氏・時盛の探題就任について、元仁元年六月末に鎌倉を発し、閏七月に入京したとしている。しかし時房が嘉禄元年六月まで六波羅探題であった以上、時氏・時盛が在京していたとしても、両名が、時房と同等の権限を持つ探題であったと認めるわけにはいかない。また、嘉禄元年六月から翌二年正月までの時盛と朝直との権限関係も不明である。朝直はのちに時房流北条氏嫡流となる大仏《おさらぎ》家の祖であり、かれを六波羅探題と明記する史料は見当たらないものの、六波羅の政務にまったく関与しなかったとも考えにくい。この当時はまだ、六波羅探題の地位が制度的に確立しておらず、流動的であったとする見解（熊谷隆之 二〇〇三）が存在する所以《ゆえん》である。ただし、北条時盛と朝直とを比較した場合、時盛は父時房の許で承久の乱にも従軍した（慈光寺本《じこうじぼん》『承久記』）のに対し、朝直は嘉禄元年時点でようやく二十歳であって、承久の乱で戦ったとは考えにくい。またこの当時は、北条時房の後継者も未定であった。『吾妻鏡』をはじめとする諸書にみえるように、北条時盛を時房の次の六波羅探題（南方探題）と考えてよいと思う。時房の離任後、北方探題は北条時氏、南方探題は北条時盛の時代となったのである。時氏・時盛の両探題時代は、時氏が鎌倉に帰る寛喜二年（一二三〇）三月まで続く。

時氏・時盛の活動

承久の乱後、朝廷は武力を放棄し、院に北面や西面武士として仕えた在京御家人が、検非違使に任じられ京中の治安維持活動に従事することもなくなった。そのため京都の治安は乱れ、盗賊が横行した。嘉禄元年七月には「近日、強盗殊に蜂起す、また牛を引き車を盗むと云々、盗賊公行す、時運しかるべし」と、藤原定家は『明月記』のなかで慨嘆している。

鎌倉幕府は東国政権であるが、配下の御家人（守護・地頭ら）を率いて国家的な軍事・警察権を担うのが最も重要な役割であり、盗賊や放火犯などの犯罪者を捕らえ、秩序を維持することが基本的任務であった。京都という、公家政権の本拠地であっても、承久以前のように、朝廷が自前の武力で治安維持が果たせなくなると、幕府すなわち六波羅探題が、京中の盗賊の取り締まりなどにあたることとなる。六波羅探題が京中の治安維持活動に力を入れるようになったのが、北条時氏・時盛の時代である。

この時期の京都の基本史料である『明月記』をみると、嘉禄二年二月、前参議藤原信成《ふじわらののぶなり》の家近くで群をなしていた「京中博奕《ばくえき》狂者」を、信成の通報を得て駆け付けた六波羅の武士がひとり残らず捕え、その鼻を削ぎ指二本を切り落としたという。また安貞元年（一二二七）正月には、群盗対策として、六波羅の武士が夜中に京中の所々に配置され警備を行った。ただし十数日後の記事に「群盗度々襲来し、放火と云々《しかじか》、武士の巡検詮《せん》なき事歟」とみえているように、あまり効果はなかったのかも知れない。だが、このような六波羅武士の京中への配置が、十年ほどのちに設置される、篝屋《かがりや》制度へつながっていくことは間違いのないところである。

また嘉禄二年四月に、河合社禰宜《ねぎ》鴨祐頼《かものすけより》殺害事件につき、容疑者の鴨祐道《すけみち》・祐高《すけたか》を六波羅に召して「問注《もんちゅう》」を行っているのも注目される。問注とは裁判のことで、要するに殺人容疑者それぞれの言い分を聞いて、六波羅が犯人を特定しようとしたのである。河合社は京都にある朝廷直轄の神社で、その神官の鴨氏は有位者であったが、殺人事件であったため、六波羅が検断権《けんだんけん》を行使して犯人検挙に動いたのである。

以上のように、北条時氏・時盛期は、六波羅探題が京中の治安維持活動などを行うことが目立ってくる。探題北条泰時・時房の時代にも、泰時が諸社の祭礼での飛礫《つぶて》と武芸《ぶげい》を禁じ（追加法二一条）、京都の治安維持にも意を注いだが、当時の六波羅探題は、承久の乱後の京都占領軍的性格が濃厚であった。時氏・時盛期には、日常的な治安維持活動が六波羅探題の主要任務となりつつあったのである。また時氏・時盛は、幕府の命を受け、京都周辺の「諸寺諸山僧徒の兵具」所持の取り締まりにもあたり（高野山文書宝簡集《こうやさんもんじょほうかんしゅう》・『明月記』）、僧兵《そうへい》たちの横暴な行為にも対処しようとしていた。

承久の乱の余燼

嘉禄二年七月から八月にかけて、高桑次郎《たかくわじろう》らによる謀叛未遂事件が起こっている。高桑氏は美濃の武士で、承久の乱では京方として戦った（慈光寺本『承久記』）。次郎はその生き残りとみられるが、党類三百人を集め、さらに密書で与同者を募っていた。京中でも八十人が陰謀に同心《どうしん》したという。「諸国七道《しちどう》、徒党《ととう》充満」といわれ、六波羅探題は用心のため、幅一丈五尺（約四・五メートル）、深さ一丈（約三メートル）におよぶ堀を六波羅の四方に掘っている（『明月記』）。事件は未然に防止されたが、承久京方の残党による、大がかりな謀叛未遂事件であった。承久の乱から五年しか経ておらず、京方の敗残者にとって反幕府の思いは強かったに違いない。また北条時房が鎌倉に戻ったあとは、六波羅の両探題が時氏・時盛という若いふたりとなっていた。そのような六波羅側の弱点をついて事件が起きたとみられる。承久の乱の余燼《よじん》はまだまだ燻《くすぶ》っていた。鎌倉幕府の公式記録『吾妻鏡』が記さぬ謀叛未遂事件である。

このような事件も起こり、六波羅探題は承久京方への追及の手を緩めなかったが、安貞元年六月七・八日ころ、ついに京方の大物二位法印尊長を捕えた。尊長は承久の乱後、熊野や鎮西《ちんぜい》に逃亡していたが、三年ほど前から京都に潜んでいたらしい。京方の同志和田朝盛入道が幕府に密告し、捕らえられたのである。時氏の有力被官菅十郎左衛門尉周則《ちかのり》や小《お》笠原長経《がさわらながつね》らが逃亡先に押し寄せ捕らえたが、尊長は自殺を図った。身柄を拘束されて六波羅に連行されたとき、瀕死の尊長は時氏や時盛に向かい、「早く首を斬れ、そうしないなら、伊賀氏が北条義時に飲ませた毒薬で早く殺せ」と叫んだという（『明月記』）。その場に居合わせた人びとが驚いたのはいうまでもない。尊長はその日のうちに死去した。また和田朝盛も捕らえられたが、どのような処分が下されたかは不明である。ちなみに朝盛は、北条義時に滅ぼされた和田義盛《よしもり》の孫である。承久張本の捜索は継続しており、時氏・時盛期にも六波羅の重要任務であったのである。

さて寛喜元年（一二二九）には、六波羅の使者宇間刑部左衛門尉・菅左衛門尉（周則）両名が丹波《たんば》国の御家人交名を注進している（祇園社記《ぎおんしゃき》）。宇間は時盛、菅は時氏の被官である。丹波は承久京方の大内惟信の旧守護国であったから、惟信に動員され京方に付いた武士は少なくなかったと考えられる。承久の乱後の丹波御家人についての実態調査が六波羅によって行われたとみられる。なお丹波の新守護には時盛の父北条時房が補任されていた。六波羅探題北方（北条泰時・時氏）が守護であったとみられる和泉《いずみ》国でも、「貞応・寛喜当国御家人引付《ひきつけ》」つまり承久の乱後の御家人名簿が作られていたことが知られる（多田《ただ》神社《じんじゃ》文書）。六波羅探題の管轄国では、京方となった守護が少なくなかったから、六波羅や新任の守護によって新たな御家人交名が作成されたと考えられる。

若き探題を支えた人びと

最後に探題北条時氏・時盛期の、六波羅の職務を支えた人びとについてみておきたい。

探題北条泰時・時房の時代、探題の被官がその政務を補佐したことは先に述べた。時氏・時盛期においても、両人をよく支えたのは探題家人たちであった。

嘉禄元年六月、北条時房が鎌倉に戻るとき、子息時盛・朝直とともに、「本間左衛門・久家中務・宇間左衛門・石川六郎」らの家人が京都にそのまま残った（『明月記』）。このうち本間左衛門は本間忠家であり、時房在京時にはその執事として活動し、探題時盛期の安貞二年十一月には、時氏被官賀島《かしま》左衛門尉盛能《もりよし》とともに、高野山に派遣され兵具の没収にあたった（高野山文書宝簡集）。また宇間左衛門は、寛喜元年に丹波国の御家人交名を注進した宇間刑部左衛門尉と同じ人か、その一族であろう。時盛被官の本間・宇間氏の活躍が知られるのである。ちなみに本間氏は相模国の御家人である。

時氏被官としては菅周則の活動が目覚ましい。周則は時氏「近習者」といわれ（『明月記』嘉禄二年七月十四日条）、尊長の捕縛や丹波国の御家人交名注進で活躍したことは前記した。また嘉禄二年八月、吉野衆徒《しゅと》が神輿《しんよ》を奉じ入京を企てたとき、周則は武士三百騎を率いて宇治に馳せ向かっている（『明月記』）。これらの活動をみると、菅周則は時氏の重臣、おそらくは執事であった可能性が高いであろう。鎌倉に帰って程なく、寛喜二年六月に時氏が病死したとき、周則は出家している（同）。時氏とともに鎌倉に戻ったのだろう。菅周則のほか探題時氏被官として、賀島盛能・壱岐《いき》（三善《みよし》）為清《ためきよ》・大江貞知《おおえさだとも》らの活動も知られるところである（『明月記』『帝王編年記《ていおうへんねんき》』ほか）。

六波羅の長官である探題とは直接的な主従関係にはないが、その配下であった在京人（在京御家人）の活動が北条時氏・時盛期にみえるようになる。

探題北条泰時・時房期には、大友能直《おおともよしなお》（豊後《ぶんご》守護）・小笠原長経（阿波守護小笠原長清の子）らが在京していたことが知られるが、時氏・時盛期にも長経の在京継続が知られ、能直の子大友親直《ちかなお》（親秀）、長沼宗政《ながぬまむねまさ》（あるいは子の時宗、淡路《あわじ》守護）らの在京活動が『明月記』で確認される。かれらは西国守護として京都に拠点を持ち、活動していたのである。また周防《すおう》国の地頭内藤盛家《ないとうもりいえ》・盛親《もりちか》父子も在京人であったことが『吾妻鏡』にみえる。あとで述べるように、これらの在京人は幕府から在京奉公《ほうこう》を命じられ、六波羅探題に出仕していたのである。承久京方の追捕や京中の治安維持活動、そして僧兵の入京の阻止などがその主な役割であった。ただし、たとえば佐原盛連《さわらもりつら》は、探題時氏の母（三浦義村女）の後夫という所縁により在京していたが、「本《もと》より酔狂《すいきょう》」といわれ、泥酔の挙句宇治に馳せ向かい「宇県多く摧《くだ》き破」ったといい（『明月記』嘉禄二年正月二十四日条）、また大友親直と菅周則が喧嘩をして武士が馳せ集い、大騒ぎとなるなど、在京人による乱行も少なくなかったことも事実である。時氏・時盛両名では、在京人統制が充分にできなかったように思われる。

最後に、六波羅探題を補佐する「知恵袋」的存在の在京人がいたことを指摘しておきたい。それは大江広元の嫡流長井《ながい》時広《ときひろ》である。時広は備後《びんご》守護でもあったが、文官として探題泰時・時房期から六波羅に出仕していた。時広流長井氏は六波羅評定衆《ろくはらひょうじょうしゅう》家となり、鎌倉幕府滅亡まで在京人のトップとして活動することとなる。

六波羅探題とその職掌

ここまで承久の乱の勃発と六波羅探題の成立、初代探題北条泰時・時房の活動、そして北条時氏・時盛期の様相についてみてきた。初期の六波羅探題について述べたのであるが、六波羅探題に関してはその職掌や組織などが、あまりよく知られてないようである。そこで、以後の考察の前提作業として、六波羅探題について概説しておきたい。①職掌、②歴代の探題、③組織、の主に三点について、時期的変遷にも留意しながらみていきたい。

六波羅探題とは

「六波羅探題」という言葉は、「六波羅」と「探題」とに二分できる。六波羅は地名であり、探題とは判定者という意味である。

実は、鎌倉期に「六波羅探題」という呼称があったかどうかは不明である。ただ、元弘三年（一三三三）三月という鎌倉最末期の文書に「長門周防探題《ながとすおうたんだい》」（忽那文書《くつなもんじょ》）の語がみえているから、六波羅探題の呼称も存在したと思《おぼ》しい。また探題とは、鎌倉幕府の地方広域機関の長官のみではなく、『沙汰未練書《さたみれんしょ》』によれば、鎌倉の執権・連署を指す場合のあることにも注意しておきたい。

さてまず「六波羅」から述べると、六波羅はいまの京都市東山区付近である。鴨川《かもがわ》の東側であり、かつての平安京《へいあんきょう》内には含まれない地域である。平清盛《たいらのきよもり》が「六波羅の入道前太政大臣《だいじょうだいじん》」（『平家物語』巻一）と呼ばれたように、六波羅はもともと平家の本拠地であった。平家に勝利した鎌倉幕府が没官地《もっかんち》として領有した。建久元年（一一九〇）の上洛に際して源頼朝の屋敷が、六波羅内の清盛の弟平頼盛《よりもり》旧跡に新造されている。また文治元年（一一八五）十一月に京都守護となった北条時政《ほうじょうときまさ》も、六波羅に宿所を構えていたとされる。六波羅の領域ははっきりしないが、北限は旧五条、南限は旧六条であったと考えられている（高橋慎一朗　一九九六）。

つぎに「探題」についてみると、探題とは、「法会の議論の時、論題を選定し、問答の可否を判定する役の僧」（『日本国語大辞典』）のことで、判定を下す僧侶という意味である。六波羅探題の場合でいうと、探題とは僧侶ではないものの、判定者つまり裁判官という語意となる。つまり六波羅探題とは「六波羅にあった裁判官」ということになろう。

先述したように、「六波羅探題」という語は鎌倉期の史料には見出せないようである。では当時どのように呼ばれたかというと、幕府や御家人たちからは「(両)六波羅」「京都守護」「六波羅家」「六波羅殿」「北方(殿)」「南方(殿)」、公家や京畿の寺社からは「河《か》東《とう》」「武家」「六波羅」「京都守護」などと呼称されていたことが文書や記録類からわかる。ただし、六波羅探題の長官を指すケースや、その組織全体を指す場合もあり、注意が必要である。ちなみに公家や寺社が鎌倉の幕府を呼ぶ場合には「関東」が多く用いられたが、「武家」と呼称することもあった。なお幕府は自身を「関東」や「武家」と称したようである。

六波羅の職掌

鎌倉末期成立とされる法制書『沙汰未練書』には、

六波羅とは、洛中警固《らくちゅうけいご》并びに西国成敗御事なり

とあり、洛中警固と西国成敗がその職掌であったことがわかる。これに、公武交渉を加えたものが、六波羅探題の主要任務であったと考えられる。

まず①公武交渉からみていくと、初代探題の北条泰時・時房が、鎌倉の執権北条義時の指令に基づき、承久の乱後の戦後処理を強力に推進したことは先にみた。当時の六波羅探

題は京都占領軍ともいうべき存在であり、このような六波羅の特質は次の北条時氏・時盛期までほぼ同様であったと考えられる。時氏に替わり六波羅探題北方となった北条重時《しげとき》の時代から、占領軍的な性格は薄れていき、朝廷との交渉でも、たとえば、御家人の成功《じょうごう》任官者に関するやり取りや、伊勢神宮《いせじんぐう》への勅使派遣に対する援助行為などがみられるようになっていく。一般的事柄について、六波羅・朝廷間で公武交渉が行われたのである。

皇位継承や寺社強訴《ごうそ》への回答など、高度な政治的判断が求められる事項については鎌倉の幕府が対応した。幕府から東使という、評定衆《ひょうじょうしゅう》クラスの有力御家人（通常は二名）が京都に派遣され、天皇・東宮《とうぐう》の指名や、寺社の要求に対する回答などを朝廷に申し入れた。このとき、朝廷側の窓口となったのが関東申次《かんとうもうしつぎ》である。関東申次の役職は、西園寺公経《さいおんじきんつね》や九条道家・一条実経《いちじょうさねつね》父子らが任じたが、寛元四年（一二四六）の宮騒動《みやそうどう》以降、西園寺家の世襲するところとなる。

なお六波羅探題は通常、朝廷や公家の動向にも注意していたとみられるが、京中に密偵を置くようなことはなかったであろう。ただし宮騒動から宝治合戦《ほうじかっせん》・建長政変ころの九条道家、鎌倉末期の伏見《ふしみ》天皇（上皇）側近の京極為兼《きょうごくためかね》、正中《しょうちゅう》の変《へん》後の後醍醐《ごだいご》天皇らの周辺に対しては、警戒の念を持ってその動向に注目していたと考えられる。朝廷監視もその重要な役割であった。

つぎに②洛中警固。洛中警固とは京都の治安維持活動である。承久の乱以前は、後鳥羽上皇によって院の武力に組み込まれた、佐々木・大内・後藤らの在京御家人が検非違使に任じられ、盗賊の追捕や僧兵の強訴阻止に活躍した。乱後は朝廷が武力を持たなくなったため、次第に六波羅探題が京中の治安維持に関わらざるを得なくなる。探題北条時氏期に、群盗対策として都の処々に武士を配置したことは前にみた。六波羅による洛中警固体制が整うのは、探題北条重時期の暦仁元年（一二三八）以降である。将軍九条頼経が上洛した同年に、都の大路が交わる交差地点に、篝屋《かがりや》という警固所《けいごしょ》が設置され、六波羅配下の御家人（在京人）がそこに配属されて盗賊や放火犯などの取り締まりにあたった。『太平記』によれば「四十八箇所ノ篝屋」と呼ばれている。篝屋役を勤めた在京人は、南北両探題の有力被官である検断頭人《けんだんとうにん》によって統括され、延暦寺《えんりやくじ》や興福寺《こうふくじ》など僧兵の入京阻止や、畿内を中心に多発した本所一円地《ほんじょいちえんち》の悪党《あくとう》鎮圧にも動員された。朝廷や公家が六波羅に最も依存していたのは、この洛中警固の役割であった。

③西国成敗とは西国の裁判のことである。六波羅探題は尾張《おわり》（のち三河《みかわ》）・美濃・加賀《かが》以西を管轄国として御家人関係の裁判を行った。九州地方も管轄領域であったが、蒙古《もうこ》

襲《しゅうらい》来後に鎮西探題《ちんぜいたんだい》が成立すると、その管轄から分離された。西国での裁判であるから、貴族や寺社と御家人との相論を裁いた場合が多かった。ただし、六波羅は訴人《そにん》（原告）と論人《ろんにん》（被告）の主張を審理するものの、その裁許は幕府が行うなど、幕府の下級審的地位にあった時期（探題北条久時《ひさとき》・北条盛房《もりふさ》期）もあり、裁判機能が確立するのは、十三世紀末ころの南方探題大仏宗宣《おさらぎむねのぶ》期とみられる。また六波羅の裁許状《さいきょじょう》（下知状《げちじょう》）は、幕府や鎮西探題とは異なり、書き止めに「仰《おおせ》」文言がなく、直状《じきじょう》形式となっている（六波羅御教書も「仰」文言がない）。これは六波羅探題が京都に所在したため、国制上、鎌倉殿《かまくらどの》（将軍）の上位に位置する天皇や院に憚ったためであろうか。

六波羅探題の訴訟機関についてもみておく。六波羅には政所《まんどころ》と問注所《もんちゅうじょ》は設置されていなかったが、侍所に相当する機関としては検断方《けんだんかた》があった。訴訟裁決の合議機関の評定《ひょうじょう》は文永三年（一二六六）が史料上の初見である（高野山文書又続宝簡集）。ただし在京人の所見から判断すると、探題北条重時の末期には評定衆が存在していた可能性が高い。引付《ひきつけ》方《かた》は北方探題北条時村《ときむら》期の弘安元年（一二七八）からみえる（東大寺文書）。五番編成を基本としたようである。評定・引付は鎌倉の制度に倣ったものである。なお六波羅評定衆や奉行人《ぶぎょうにん》らのメンバーについては後述する。

以上、六波羅探題の職掌について述べたが、①公武交渉が基本的任務であり、次いで②洛中警固、さらに③西国成敗の順にその職掌が成立していったということである。

歴代の六波羅探題

探題の就任者

歴代の六波羅探題を表1として一覧化した。北条氏略系図（図3）も参照しながら、表1により、探題就任者について概観してみよう。

初代の探題は北方北条泰時、南方北条時房で、それぞれの子息時氏と時盛がこれを継承する。寛喜二年（一二三〇）泰時の弟北条重時が北方探題に就任し、北方には重時子息の長時《ながとき》・時茂《ときもち》や孫の義宗《よしむね》が建治二年（一二七六）まで相次いで任じられている。この間、南方の北条時盛や北条時輔《ときすけ》が在任した期間もあったが、重時流（極楽寺流《ごくらくじりゅう》という）北条氏が単独で在職した期間は二十五年以上に及んだ。寛喜二年から建治二年までの六波羅の政務は、主として極楽寺流北条氏よって請け負われていたといえる。そして建治三年末の北条時村・北条時国《ときくに》以後、南北両探題が揃うのが原則となり、北条氏略系図のⒷ北条朝時《ともとき》流（名越流《なごえりゆう》）を除く、北条氏諸流から六波羅探題に任命されるようになるのである。このように、六波羅探題就任者には寛喜二年と建治三年の二度の画期があり、①承久三年（一二二一）～寛喜二年、②同年～建治三年、③建治三年～正慶二年（元弘三年〈一三三三〉）の三段階に分けることができる。

なお名越一門から六波羅探題就任者が出なかったのは、名越流が北条氏嫡流を自負し、北条朝時や名越光時《なごえみつとき》らが得宗家の北条泰時や時頼《ときより》に反抗したからであろう。京都で反旗を翻しかねない北条一族を、六波羅探題として上洛させるわけにはいかなかったのである。

さてつぎに、六波羅探題の北方と南方との関係についてみてみよう。北方・南方両者の関係については、Ⓐ得宗《とくそう》流やⒸ極楽寺流の探題は主に北方に任じ、Ⓕ時房流はほとんどが南方探題となっているから、北方の方が南方よりも高い家格《かかく》の北条一門が任じられるのが原則であったといえよう。その意味で、文永元年（一二六四）に六波羅探題となった北条時輔は、北条時宗《ときむね》の兄でありながら、南方に任じられており、時輔にとっては屈辱的な人事と感じたかもしれない。また延慶元年（一三〇八）に探題に就任した大仏貞房《さだふさ》は、南方探題とされることが多いが、北方探題とみるべきであろう。貞房は、相方の南方探題金沢《かねさわ》

表1　六波羅探題一覧

年代	北方	南方
承久3 (1221)	6就 Ⓐ北条泰時(39)	6就 Ⓕ北条時房(47)
貞応元		
2		
元仁元	6退	
嘉禄元	6就 Ⓐ北条時氏(23)	6退 6就 Ⓕ北条時盛(29)
2		
安貞元		
2		
寛喜元		
2 (1230)	3退 3就 Ⓒ北条重時(33)	
3		
貞永元		
天福元		

年代	北方	南方
建長元		
2 (1250)		
3		
4		
5		
6		
7		
康元元	3退 4就 Ⓒ北条時茂(16)	
正嘉元		
2		
正元元		
文応元 (1260)		
弘長元		

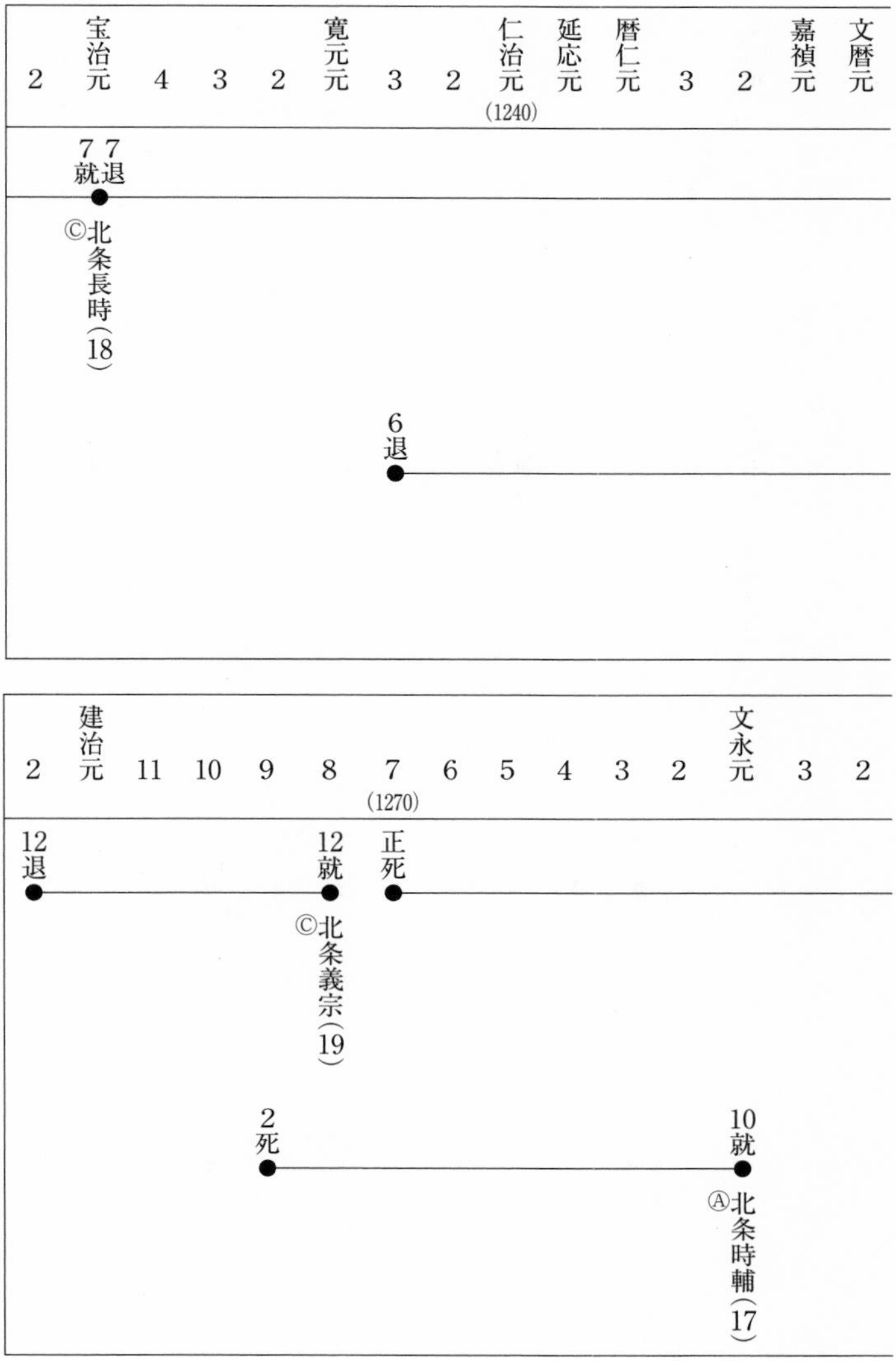

2　宝治元　4　3　2　寛元元　3　2　仁治元　延応元　暦仁元　3　2　嘉禎元　文暦元
(1240)
7就　7退
Ⓒ北条長時(18)
6退
2　建治元　11　10　9　8　7　6　5　4　3　2　文永元　3　2
(1270)
12退
12就
正死
Ⓒ北条義宗(19)
2死
10就
Ⓐ北条時輔(17)

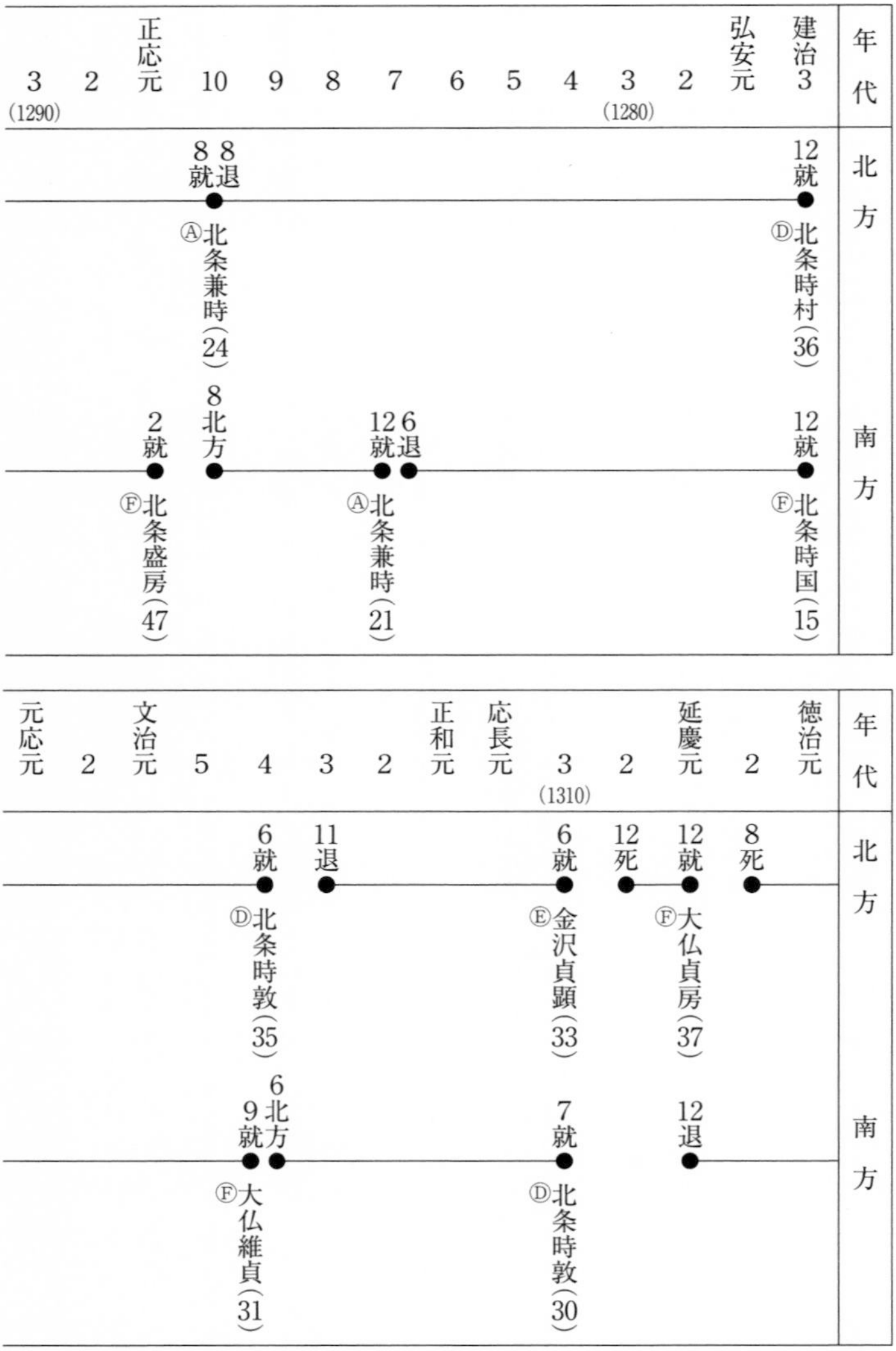
年代
建治3
弘安元
2
3
(1280)
4
5
6
7
8
9
10
正応元
2
3
(1290)
北方
12就
Ⓓ北条時村(36)
8退
8就
Ⓐ北条兼時(24)
南方
12就
Ⓕ北条時国(15)
6退
12就
Ⓐ北条兼時(21)
8北方
2就
Ⓕ北条盛房(47)
年代
徳治元
2
延慶元
2
3
(1310)
応長元
正和元
2
3
4
5
文治元
2
元応元
北方
8死
12就
Ⓕ大仏貞房(37)
12死
6就
Ⓔ金沢貞顕(33)
11退
6就
Ⓓ北条時敦(35)
南方
12退
7就
Ⓓ北条時敦(30)
6北方
9就
Ⓕ大仏維貞(31)

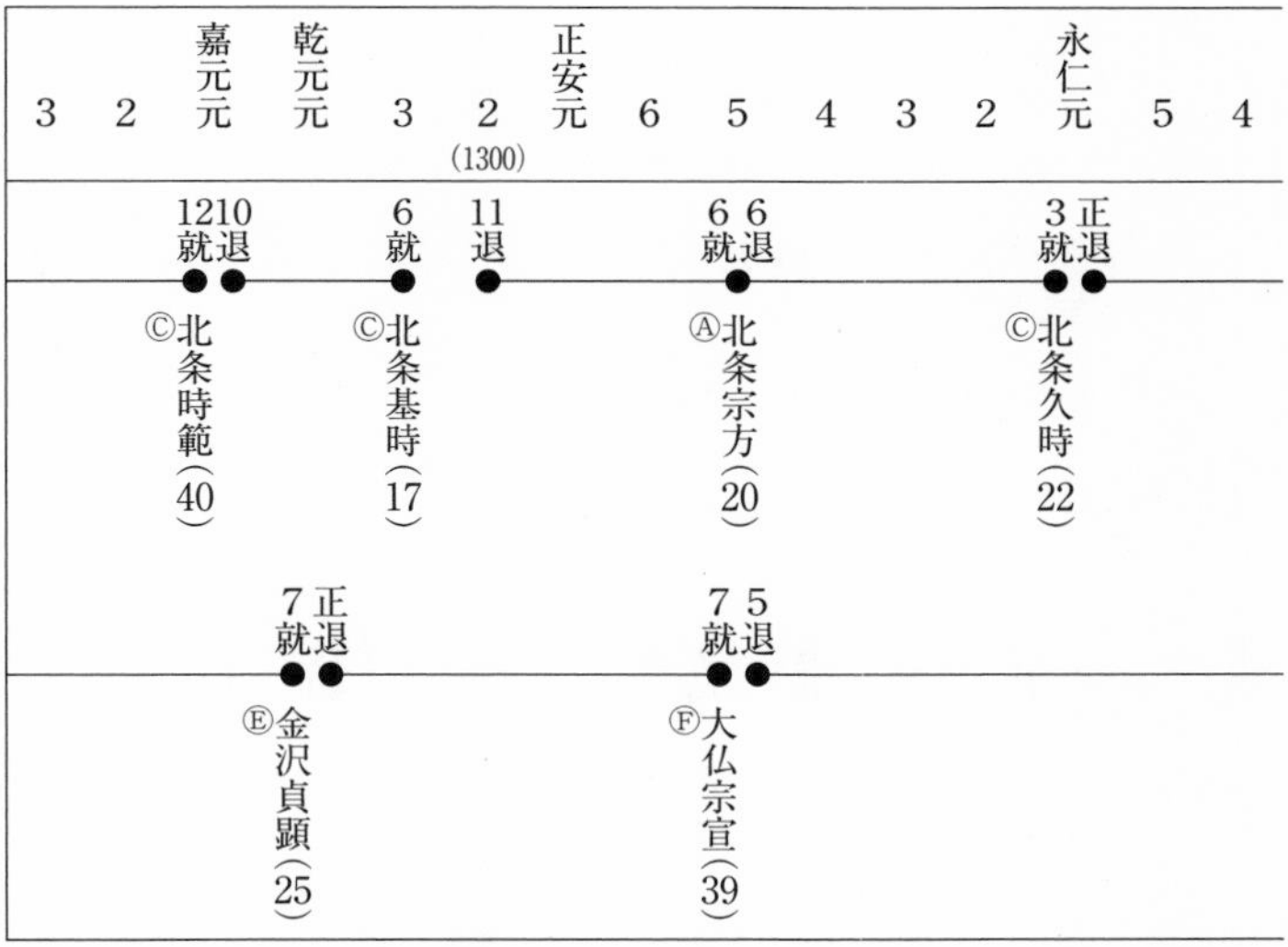

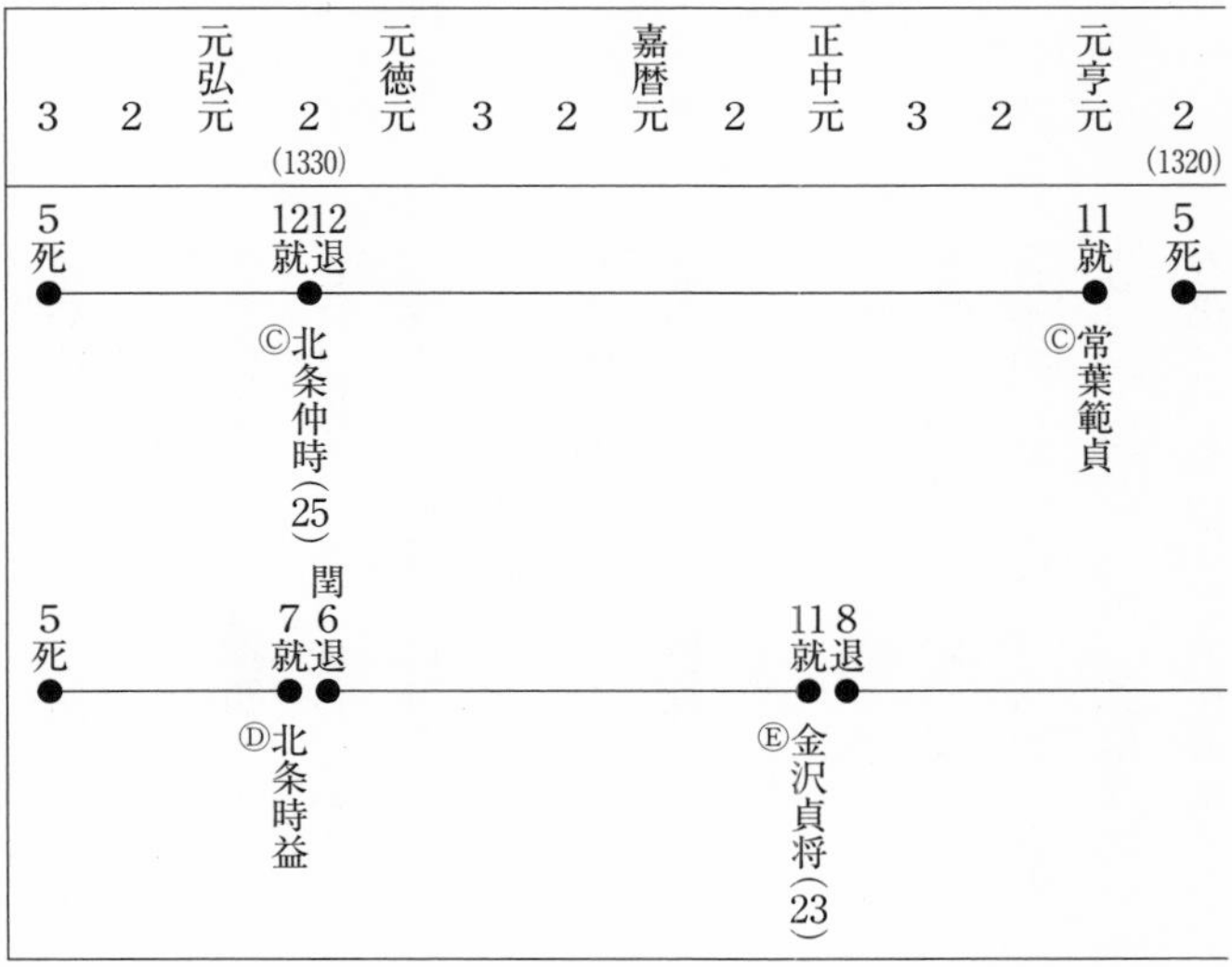

＊「就」…就任、「退」…退任。姓名の下の（　）内は就任時年齢。
Ⓐ〜Ⓕは「図1　北条氏略系図」の「家系」に対応。

図3　北条氏略系図

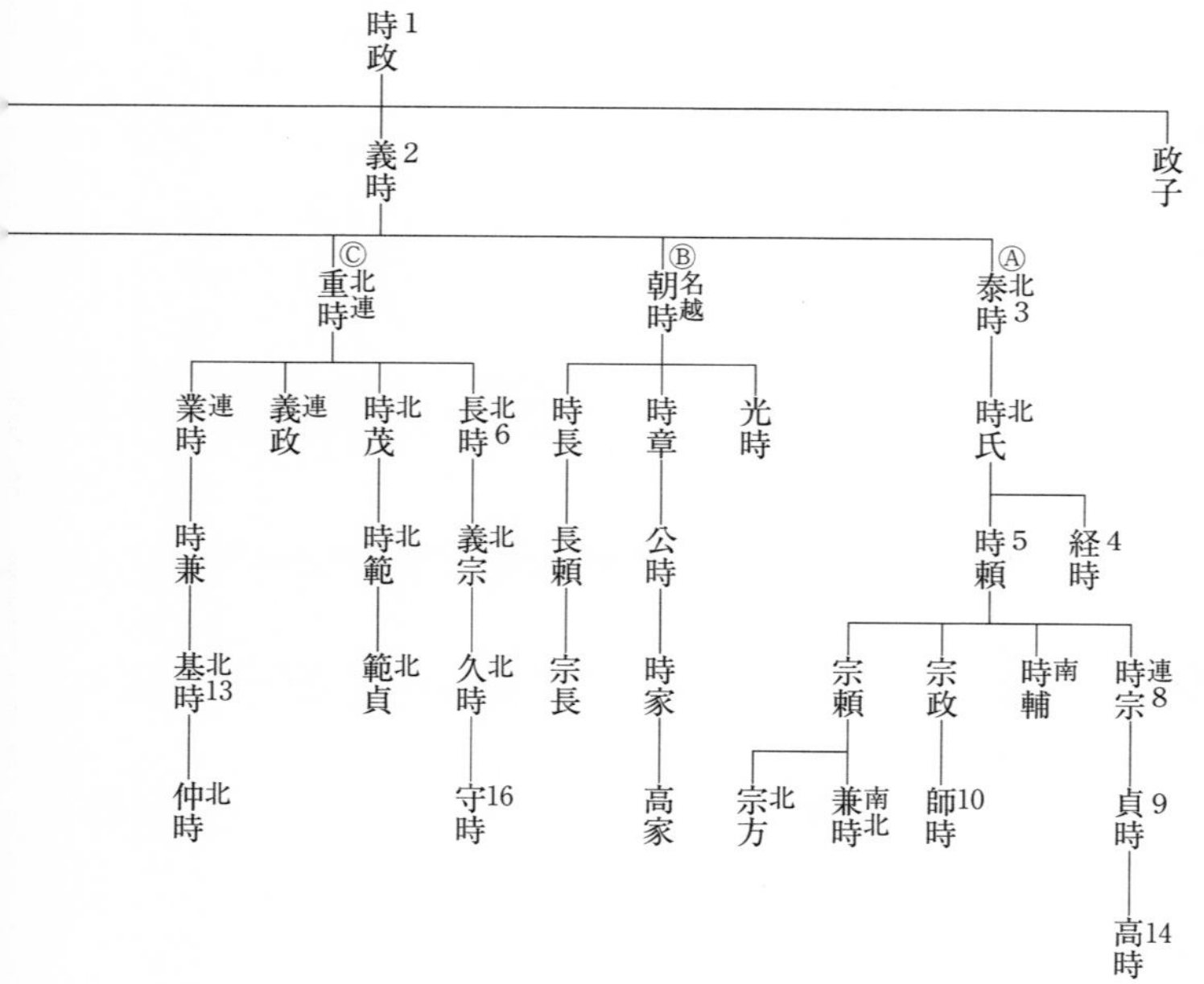

貞顕《さだあき》と連署で六波羅裁許下知状を発給しており（山内首藤家文《やまのうちすどうけもん》書《じょ》・益田家《ますだけ》文書）、貞顕・貞房両人をいずれも南方探題とすることには無理があるからである。

また南北両探題のうちのリーダーを「執権探題」といい、公武交渉などを主導した。当初は北方探題のみが執権探題となったが、永仁五年（一二九七）の大仏宗宣からは家格の低い南方探題からも執権探題が現れることが明らかになっている（森幸夫 二〇〇五）。南方執権探題の登場は、執権探題の任命基準が、

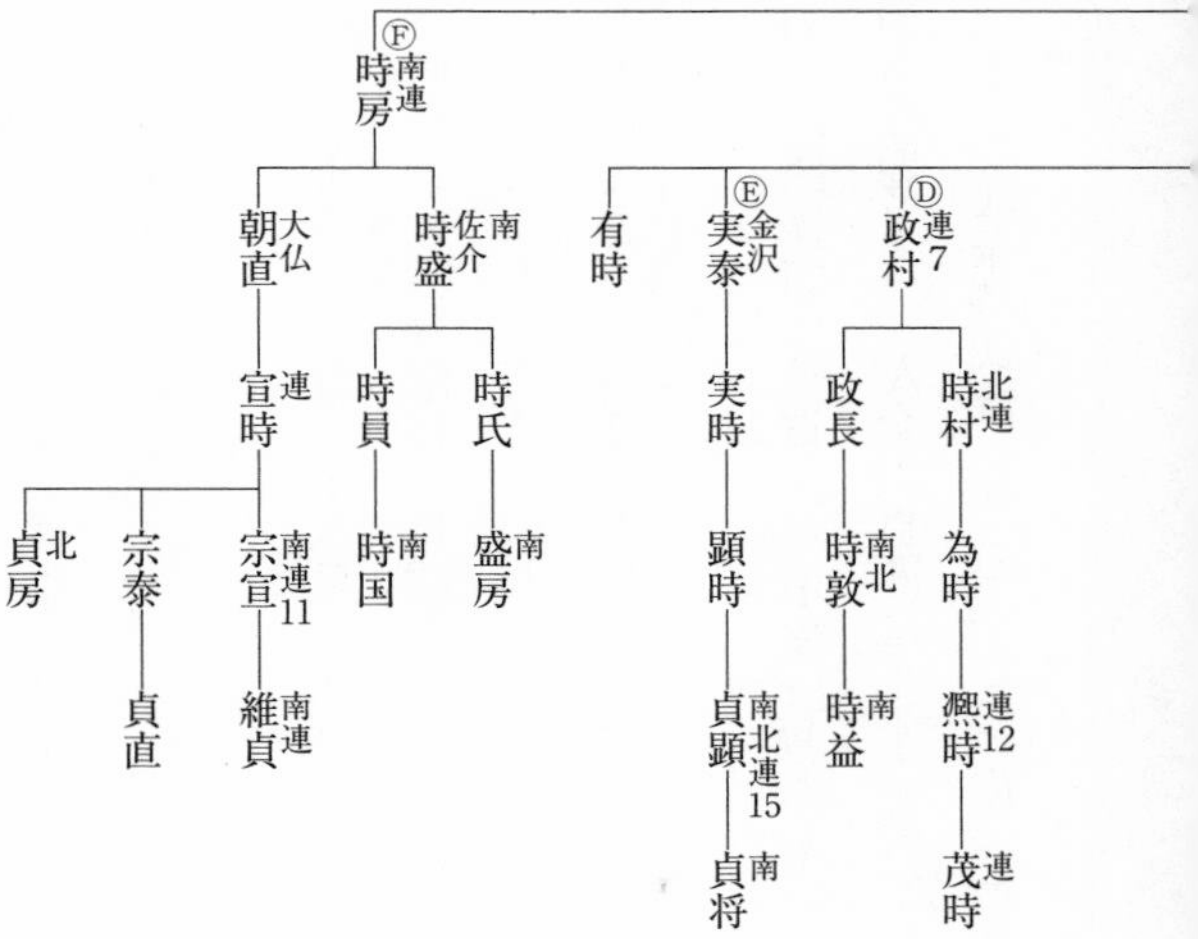

＊数字は執権になった順序を示す。連＝連署、北＝六波羅探題北方、南＝六波羅探題南方。

家格主義から能力主義へと変化したと捉えることが可能である。鎌倉末期、得宗の北条貞時《さだとき》による専制政治が行われていたとされる時期に、京都六波羅で能力主義となっていくのは非常に興味深い現象である。南方執権探題としては、大仏宗宣・金沢貞顕・大仏維貞《これさだ》・金沢貞将《さだゆき》の四名が確認できる。その活動については、「南方探題主導の時代」、および「六波羅探題の滅亡」の章で述べる。

なお、鎌倉後期ころから、北方探題が摂津《せっつ》・播磨《はりま》守護を、南方探題が丹波守護を兼任したことが明らかになっている（佐藤進一　一九七一・伊藤邦彦　二〇一〇）。また六波羅料所《りょうしょ》と呼ばれる、六波羅探題固有の所領もあった。料所として加賀国得橋郷《とくはしごう》や山城国中村などが知られる（南禅寺《なんぜんじ》文書・大通寺《だいつうじ》文書）。

探題の上洛

六波羅探題は幕府によって任命され、多くの場合、鎌倉から上洛の途についた。たとえば北条重時は、寛喜二年三月十九日ころに六波羅探題北方として赴任することが決定し、三月十一日に鎌倉を発して同月二十六日に入京している（『吾妻鏡』。ただし『明月記』は三月二十日入京とする）。前任の北方探題北条時氏は、重時と入れ替わるように三月二十八日に鎌倉へ向け京を発した。三月十八日に、藤原定家の息為家《ためいえ》は、時氏の六波羅離任の情報を聞いて時氏と会っているから、これ以前に鎌倉から、時氏へ帰還命令があったことがわかる。六波羅探題の任免は幕府の指令によってスムーズに行われたのである。前任者と新任者との間で、職務に関する引継ぎが行われることもあっただろう。

新任の六波羅探題は数百から千騎ほどを率いて上洛したようである。乾元元年（一三〇二）に南方探題となった金沢貞顕は「千余騎」で入京している（『実躬卿記《さねみきょうき》』同年七月二十六日条）。また北条時氏は「然るべき郎従《ろうじゅう》三百騎」（『明月記』寛喜二年三月二十八日条）、金沢貞顕（正和三年〈一三一四〉北方探題に再任）は「手勢十五騎　その勢三百騎ばかり」（『大乗院具注暦日記《だいじょういんぐちゅうれきにっき》』同年十一月十三日条）で、探題を離任して鎌倉に下った。六波羅探題は通常、数百から千騎ほどを従えて上洛したとみてよいであろう。ちなみに、鎮西探題名越時家は「五百余騎」の軍勢を伴いて京都を通過し、九州に赴任している（『実躬卿記』永仁元年四月七日条）。

「先例を超過」して「五千余騎」もの大軍で入京した新探題もいた。正中元年（一三二四）十一月の金沢貞将《さだゆき》である（『花園天皇日記《はなぞのてんのうにっき》』）。この年九月に、倒幕運動である正中の変が起きており、鎌倉幕府は後醍醐天皇の朝廷に、大軍勢を上洛させて無言の圧力を加えようとしたのである。

新任の六波羅探題とともに、その妻子や被官たちも上洛している。初代の南方探題北条時房と一緒に子息の時盛・朝直が在京し、被官の本間氏や宇間氏が従っていたことは前にみた。北条時氏も鎌倉下向時に七歳であった子の経時《つねとき》と六波羅に居住しており、菅周則らの被官が仕えていたのである。六代執権北条長時《ながとき》は、幼少のころから父の探題重時とともに在京していた。長時は重時の後継者として六波羅探題となったので、康元元年（一二五六）二十七歳で京都を離れるまで、鎌倉で政務に携わったことはあまりなかった。佐治重《さじしげ》家《いえ》や佐分親清《さぶりちかきよ》らの被官が、六波羅の職務を補佐したのである。また北条時村や大仏宗宣も子息と一緒に六波羅探題として在京していたことが知られる。当然だが、探題の妻室も在京していたのである。

このように六波羅探題は妻子とともに在京したのである。六波羅探題が「六波羅家」とも呼ばれた所以であろう。妻子は探題本人と居所を共にしたとみられる。被官たちは北南各々の探題館付近を宿所として居住したと考えられる（金沢文庫文書）。

妻子や探題被官以外では、外戚や被官的な御家人も上洛している。佐原盛連が京都やその周辺で狼藉《ろうぜき》を繰り返したことは前記したが、盛連は探題北条時氏の母親の後夫という関係から、時氏とともに在京したとみられる。また波多野《はたの》氏は越前志比《えちぜんしひの》荘《しょう》地頭であったが、極楽寺流北条氏の被官的存在でもあり、波多野義重《よししげ》・宣時《のぶとき》らが、重時・長時に従い在京している。このほか、幕府から在京人として六波羅出仕を命じられ、新探題とともに上洛した御家人も少なくなかったであろう。金沢貞将が率いた五千騎には北条一門や外様《とざま》御家人の大名《だいみょう》も含まれていた可能性が高い（『花園天皇日記』正中元年九月二十九日条）。

探題の配下たち

六波羅探題の配下について大まかに図示すればつぎのようになろう。

探題─┬─在京人〔Ⓐ一般在京人　Ⓑ官僚〕
　　　└─被官〔Ⓒ探題家人　Ⓓ畿内御家人〕

在京人

在京人とは、幕府の命令により、「不退に在京奉公し、不退に六波羅に祗候《しこう》」(『吾妻鏡』寛元元年〈一二四三〉十一月十日条)した、西国守護・西国地頭・西国御家人らのことで、主に洛中警固を担ったⒶ一般在京人と、六波羅評定衆・奉行人らのⒷ官僚とに二分することができる。内裏《だいり》や院御所《いんのごしょ》を警備した京都大番役《きょうとおおばんやく》勤仕の御家人は、数ヵ月の勤務を終えると京都を離れたので、在京人には含まれない。また一方で在京人は京都大番役を免除されていた。

一般在京人は、京中の篝屋に配属されて、盗賊などの取り締まりにあたった。六波羅探題の職務②洛中警固を担った存在である。極楽寺流北条氏の六波羅探題時代（一二四〇〜五〇年代）に在京人体制は成立したと考えられる（森幸夫 二〇〇五）。在京人としては小《こ》早川氏《ばやかわし》や波多野・海老名氏《えびなし》らが著名であり、東国出身の西遷《せいせん》御家人が多数を占め、畿内近国御家人は僅少であった。また承久の乱以前の院北面《いんのほくめん》・西面武士《さいめんのぶし》のように、在京人が朝廷と直接的な関係を結ぶことは許されなかった。在京人に対する賞罰権は鎌倉の幕府が握っており、探題の支配権は絶対的なものではなかったが、探題の有力被官である検断頭人が在京人や篝屋武士を統括していた。

Ⓑ官僚とは六波羅探題の職務③西国成敗に関わった在京人である。六波羅には幕府と同様に評定や引付が置かれ、評定衆・引付頭人などの高級官僚や、引付奉行人たちが存在した。高級官僚のなかの有力者は、篝屋警固を勤めることもあった。六波羅評定衆・引付頭人には、町野《まちの》・伊賀《いが》・二階堂氏《にかいどうし》ら、鎌倉時代初期の京下り官人後裔の、官僚系御家人が多い。なかでも大江広元の子孫長井氏は、百年以上にわたって在京し、在京人筆頭の六波羅評定衆家として重きをなした。六波羅奉行人としては斎藤《さいとう》・飯尾《いのお》・松田氏《まつだし》らの西国出身者

が多くみえる。鎌倉幕府の奉行人家にみえない名字が少なくなく、六波羅探題の奉行人は原則、六波羅現地で採用されたようである。六波羅の官僚は、十三世紀末ころに人員的に充実し、そのころ西国成敗の機能も確立する。

探題被官

被官の中核はⒸ探題家人である。鎌倉から、新探題となった主人に従って上洛し、その手足となって活動したのである。北条泰時被官平盛綱、北条時房被官本間忠家らの活躍については前節で触れた。北条重時の有力被官佐治重家の活動についても、次章で述べることとなるだろう。六波羅探題の、主に②洛中警固や③西国成敗の職掌で活躍したが、Ⓑ官僚の組織が完成する鎌倉末期以降は、②の活動が中心となっていく。家人の有力者が検断頭人となり、在京人たちを統率して、京中の治安維持や僧兵の入京阻止などにあたった。検断頭人についての史料上の所見は多くないが、嘉暦三年（一三二八）には、北方探題常葉《ときわ》範貞《のりさだ》の被官小串《おぐし》六郎右衛門（範秀《のりひで》）と、南方探題金沢貞将被官の向山《むこうやま》刑部左衛門（敦利《あつとし》）の両名が検断頭人であったことが知られる（東大寺文書）。また家人は、探題と強固な主従関係にあったから、正慶二年（一三三三）五月の六波羅探題滅亡に際し、探題に殉じた者が少なくない（『近江番場宿蓮華寺過去帳《かこちょう》』）。

さて探題家人は通常、主人の六波羅探題職離任とともに、鎌倉に帰還した。したがって在京は一時的なものであって京都に定着することはなかった。このような探題と京畿との結びつきの弱さを補う存在として、探題の被官となったⒹ畿内御家人がいた。被官である畿内御家人は、探題個人と主従関係を結んだのではなく、歴代の探題に代々仕える存在であった。したがって、探題が離任しても一緒に鎌倉に下ることもなく、在京・在国を続けて、再び新探題に仕えたのである。摂津国の伊丹《いたみ》氏《し》と真上《まかみ》氏《し》はこのような存在であった（森幸夫 二〇一七c）。畿内御家人の多くは、鎌倉の幕府との関係が弱くて地頭職を保持せず、また西遷御家人のように在京人に指名されることもあまりなく、御家人としての地位が低かった。安定化を求めて、探題被官となったことが考えられる。さらに、摂津は北方探題が兼務した守護国であったから、かような伊丹・真上氏らを被官化しやすく、六波羅探題による西国支配のなかで、彼らに地の利を生かした活動を行わせたのである。鎌倉末期には、探題使節として、悪党鎮圧などに目覚ましい活躍をすることとなる。

極楽寺流北条氏の探題時代

北条重時《ほうじょうしげとき》の流れを極楽寺《ごくらくじ》流《りゅう》北条氏と呼んでいる。これは重時の別邸が鎌倉西部の極楽寺付近にあったことに由来する。寛喜二年（一二三〇）から建治二年（一二七六）まで、極楽寺流の重時・長時《ながとき》・時茂《ときもち》・義宗《よしむね》が六波羅探題北方《ろくはらたんだいきたかた》に相次いで任じられた。この間、寛喜二年から仁治三年（一二四二）まで北条時盛《ときもり》、文永元年（一二六四）から同九年まで北条時輔《ときすけ》が南方《みなみかた》探題に在職しているが、当時は北方探題がリーダーたる執権《しっけん》探題であり、六波羅の政務は極楽寺流北条氏が主導していたのである。寛喜二年から建治二年までは、重時流による六波羅職務の請負時代であった。

探題北条重時の活躍

重時の上洛

寛喜二年（一二三〇）三月、北条重時は北条時氏《ときうじ》に替わる北方探題として上洛した。重時は北条義時《よしとき》の三男で泰時《やすとき》の異母弟である。北条泰時・時房《ときふさ》や時氏らと異なり、重時は平時に上洛した、占領軍的性格を帯びない探題である。重時の探題時代に、鎌倉幕府の西国《さいごく》統治機関としての六波羅探題の機能が成立すると考えられる。

重時は、探題就任以前の承久元年（一二一九）七月に小侍所別当《こさむらいどころべっとう》に任命されている。小侍所別当は将軍近習《きんじゅう》を統括し、御家人《ごけにん》の供奉所役《ぐぶしょやく》などを管掌した役職である。北条義時は、当時二十二歳の重時をこの要職に就けた。義時の重時に対する期待のほどが窺える。また重時は、義時の跡を継承した泰時とも良好な関係にあった。それは、たとえば、貞永元年（一二三二）八月の『御成敗式目《ごせいばいしきもく》』制定に際し、執権泰時が重時宛に消息《しょうそく》を二通書き、さまざまな指示を伝えていることなどからも知られるところである。重時は泰時に信頼されており、それゆえ時氏に替わり六波羅探題に任命されたのである。重時と泰時流との良好な関係は、泰時の孫経時《つねとき》・時頼《ときより》の時代にも引き継がれていく。

なお名越流の祖北条朝時《ともとき》は重時の同母兄であったが、重時との関係はあまりよくなかった。朝時は父義時に反発し、兄泰時とも良好な関係を築くことはできなかった。朝時はどちらかといえば、屈折した性格であったように思える。余談となるが、朝時の性格形成には、建仁三年（一二〇三）九月の比企氏《ひきし》の乱後における、父義時と母姫前（比企朝宗《ひきともむね》女）との離婚が大きな影響を及ぼしたようである。朝時は当時十歳で、多感な年ごろであった。

重時の政治手腕

北条重時は入京すると、関白九条道家《かんぱくくじょうみちいえ》と右大将西園寺実氏《うだいしょうさいおんじさねうじ》に馬を進上している（『明月記《めいげつき》』）。道家は将軍九条頼経《よりつね》の父、実氏は関東申次《かんとうもうしつぎ》西園寺公経《きんつね》の子である。九条家と西園寺家が当時の朝廷政治をリードしていた。

上洛から程なくの重時の活動としては、京都とその周辺の治安維持《ちあんいじ》活動が目立つ。寛喜二年四月、公家《くげ》の要請を承け、遠江守佐原盛連《さわらもりつら》の子某を語らい検非違使《けびいし》に抵抗して犯人を匿った、御厨子所供御人刑部丞《みずしどころくごにんぎょうぶのじょう》の妻を捕らえ使庁下部に引き渡した。また同月、「近日、法師《ほっし》の兵具禁制《きんぜい》」によって、悪僧多数を捕縛しその身柄を鎌倉に送っている（『明月記』）。重時が厳格に洛中の警固《けいご》活動を行っていることがわかる。また、前任の北方探題北条時氏期には、佐原盛連・大友親秀《おおともちかひで》ら在京人による京中での狼藉《ろうぜき》が少なくなかったが、重時の探題就任後は、在京人の乱行が公家の日記などにあまりみえなくなる。重時は鎌倉にいたとき、小侍所別当として有力御家人からなる将軍近習を統括していたのであり、在京人たちに対してもその統制力をよく発揮することができたのだと考えられる。

探題重時の政治手腕は寺社紛争においても窺える。文暦元年（一二三四）四月、摂津《せっつ》の四天王寺《してんのうじ》での闘争事件に際して重時は、同寺別当を兼帯する天台座主《てんだいざす》尊性法親王《そんしょうほっしんのう》と接触し早期解決をはかった。すなわち、六波羅探題が四天王寺に対して発する下知状《げちじょう》（御教《みぎょう》書《しょ》を指すか）の案文《あんもん》を尊性に示し、添削させた（南北真教寺所蔵法華経紙背文書《ほけきょうしはいもんじょ》）。寺内の事情を把握している別当尊性の意見を六波羅御教書に反映させ、紛争の早期解決をはかったのである。重時の対応には柔軟性があった。

天福元年（一二三三）五月の京中群盗対策をめぐる公家側への対応でも、重時は有能な政治家としての姿をみせた。承久《じょうきゅう》の乱《らん》後、京都の治安が乱れて盗賊が横行し、朝廷は群盗の取り締まりを幕府や六波羅に求めた。しかし幕府は、六波羅が必要以上に京都の治安維持に関わるのを避け、前年の貞永元年から「京中強盗殺害人」については検非違使の沙《さ》汰《た》とするよう定めていた（追加法六三条）。しかし朝廷は六波羅探題重時に対し、群盗への対策を要請したのである。これに対して重時は、公卿・殿上人《てんじょうびと》らの屋敷の門戸を開放した上で、六波羅の武士がその守護にあたると回答した。当然ながら、かえって群盗を呼び込みかねないこの提案は、朝廷によって拒否される（『民経記《みんけいき》』）。重時が、どうみても受け入れ不能な内容の提案を朝廷側に行ったのは、幕府の貞永元年の指令を守ろうとしたためであろう。重時は洛中警固に関わる六波羅探題という立場上、朝廷に群盗対策を申し入れ、協力する姿勢をみせる必要があったのであるが、その実、幕府の基本方針を貫こうとしたのである。「本音」と「建前」とを巧みに使い分けたのである。なお天福元年八月になると、幕府は六波羅に「京中強盗殺害人」の沙汰につき検非違使に協力するよう指令することとなる（追加法六三条）。

伊勢公卿勅使派遣の援助

重時が上洛した寛喜二年は、六月に武蔵《むさし》や美濃《みの》で降雪があり、七月には諸国で霜が降りるなどの異常気象があった。翌寛喜三年の春は大飢饉《だいききん》となり、京中の道路には餓死者が満ち溢れた。寛喜の大飢饉である。この飢饉解消を祈るため、伊勢神宮《いせじんぐう》に公卿勅使《くぎょうちょくし》が派遣されることとなった。しかし当時、朝廷が独力で伊勢に勅使を遣わす力はなく、六波羅探題重時はさまざまな面でこれを援助した。

まず朝廷には、伊勢神宮に奉納する神宝《じんぽう》を調達する財力がなかったため、重時は、成功《じょうごう》（売官《ばいかん》）で任官を希望する在京御家人《ざいきょうごけにん》を募り、その費用に充てさせている。また近江《おうみ》守護と国守を兼任した佐々木信綱《ささきのぶつな》の代官《だいかん》近江目代清忠《もくだいきよただ》に勢多《せた》橋の修理を命じ、伊勢守護代《しゅごだい》本間忠家《ただいえ》（正守護は北条時房）に対して勅使・神宝の警固を指令した（『民経記』）。これらの行為は、幕府の承認の下に、執権探題たる重時が公武交渉の直接の担当者として忠実に対応したものである（南方探題北条時盛の関与は見出せない）。重時は、関東申次でもあった大殿《おおとの》九条道家や関白九条教実《のりざね》ら朝廷側の要望に応えつつ、近江守護佐々木氏や伊勢守護代本間氏に指令し、勅使一行の宿所や食料、そして人夫《にんぷ》や伝馬《てんま》にいたるまで周到に準備させたのである。

このような六波羅探題重時の尽力により、寛喜三年十月九日、勅使の権中納言四条隆親《しじょうたかちか》は無事に京都を出発することができた。勅使の一行は八百人にも及んだとされている。

相次ぐ寺社紛争　探題重時の時代、大規模な寺社紛争が、嘉禎元年（一二三五）と翌二年に勃発している。石清水八幡宮《いわしみずはちまんぐう》と興福寺《こうふくじ》、そして近江守護佐々木氏と延暦寺《えんりやくじ》との抗争である。

前者は、嘉禎元年六月、石清水八幡宮領山城《やましろ》国薪荘《たきぎのしょう》と興福寺領同国大住荘《おおすみのしょう》との用《よう》水相論《すいそうろん》に端を発したものであり、朝廷の要請を承けた六波羅探題は、興福寺衆徒《しゅと》の発向を防ぐため、武田信政《たけだのぶまさ》や宇都宮泰綱《うつのみややすつな》らの在京武士を石清水八幡宮方面に派遣した。同年十二月、荘園《しょうえん》現地で再び衝突が起き、興福寺衆徒が春日神木《かすがのしんぼく》を奉じて入京をはかるなど、この紛争はさらに深刻化する。これにより六波羅の武士が宇治《うじ》に集結して守りを固め、興福寺衆徒の入京を阻止した。石清水八幡宮側の事件関係者は処罰されたものの、興福寺が強硬な姿勢を変えなかったため、嘉禎二年十月、幕府は大和《やまと》国に守護や地頭《じとう》を設置するなどして、興福寺を屈服させた。

後者の近江守護佐々木氏と延暦寺との争いは、嘉禎元年七月、近江守護佐々木信綱子息高信《たかのぶ》の代官による、日吉神人《ひえじにん》への国役賦課《くにやくふか》から生じた刃傷事件がその原因となった。延暦寺衆徒は高信の処罰を訴え日吉社神輿《しんよ》を奉じ入京をはかるが、六波羅の武士が鴨川《かもがわ》付近でこれを阻止する。しかし翌八月、事件当事者の佐々木高信は豊後《ぶんご》に配流され、また神輿の入京阻止に際し宮仕法師《みやじほうし》を殺害した足立遠政《あだちとおまさ》も備後《びんご》に流された。だが、幕府の延暦寺に対する追及は厳しく、六波羅は強訴《ごうそ》首謀者らの捜索を行い、嘉禎三年六月にはさらに、山門《さんもん》悪徒の逮捕を諸国の国司《こくし》や御家人に命ずる宣旨《せんじ》が下され、捜索が継続されていく。

これら有力寺社の紛争（強訴）に際し、裁決を下すのは、基本的には朝廷であり、また朝廷の要請を承けた鎌倉の幕府であった。寺社の訴訟は朝廷と幕府との裁決によってその解決がはかられたのである。幕府の出先機関であった六波羅探題が、強訴に対し判断を下すことはなかった。だが、先にみたように、在京人らを派遣し僧兵《そうへい》の入京阻止にあたるなど重要な役割を果たした。朝廷側の要請を承け、六波羅軍が行動したので、かれらは「官軍」「官兵」などとも呼ばれた（『明月記』ほか）。ただし、在京人たちは朝廷の命令を受けて出動したわけではない。あくまでも朝廷からの武士派遣要請を承諾した、六波羅探題の指令に基づいて行動したのである。承久の乱以前のように、院から直接武士たちに対し勅命が下され、動員がなされたのではない点に注意が必要である。上記した武田信政・宇都宮泰綱・足立遠政らの在京武士は、探題重時の命令によって僧兵たちと対峙したのである。

暦仁元年（一二三八）六月に、京中警固のため洛中の辻々に篝屋《かがりや》が設置される。さらに寛元四年（一二四六）正月には篝屋勤務が在京人のみの所役となるなど、六波羅探題による洛中警固体制は次第に整えられていく。また洛中警固を担当する在京人制度も、篝屋の整備と連動しながら、一二四〇～五〇年代に成立すると考えられる。極楽寺流北条氏の探題時代に、洛中警固体制は確立した。

重時の探題時代、朝廷政治をリードしていたのは西園寺公経と九条道家である。

九条道家への警戒

西園寺公経は源頼朝《みなもとのよりとも》の義兄弟一条能保《いちじょうよしやす》の女婿であり、将軍源実朝《さねとも》の時代から関東申次を務めるなど、親幕派の公卿であった。このため承久の乱に際し、後鳥羽《ごとば》上皇によって幽閉されるなど憂き目をみたが、乱後は幕府から大いに信任され、朝廷随一の実力者となった。貞応元年（一二二二）八月公経は、西園寺家で初めて太政大臣《だいじょうだいじん》に就任している。

九条道家は源頼朝が信頼を寄せた九条兼実《かねざね》の孫である。承久の乱時には摂政《せっしょう》に任じていたが、後鳥羽《ごとば》の孫仲恭《ちゅうきょう》天皇（道家の甥でもある）の廃位とともに、摂政を更迭された。しかし道家は将軍九条頼経の父であり、また西園寺公経の女婿でもあったから、かれらの支援によって、安貞二年（一二二八）十二月には近衛家実《このえいえざね》に替わり関白に就任する。寛喜三年七月、長男の教実に同職を譲り、大殿と呼ばれる。また同年十月、娘の後堀河《ごほりかわ》天皇中宮竴子《ちゅうぐうしゅんし》（藻壁門院《そうへきもんいん》）が産んだ秀仁《みつひと》（四条《しじょう》天皇）は東宮《とうぐう》となり、その即位とともに道家は天皇の外祖父となるのである。

公経と道家のうち、重時が警戒の目を緩めなかったのは道家に対してである。探題重時の在京時代、鎌倉では、北条泰時流の執権勢力に対し、九条頼経を核とする将軍勢力が形成されつつあった。道家は頼経の父であり、将軍勢力と結び、しばしば不穏な動きをみせることがあったのである。

図４　九条道家　東福寺所蔵

まず貞永元年十月の後堀河天皇から四条天皇への譲《じょう》位《い》は、九条道家が幕府の承諾を得ずに強引に行ったものである。皇位を退くこととなった後堀河は「御歎きの色」をみせたという（『民経記』）。また嘉禎元年に道家は、承久の乱で配流となった隠岐《おき》の後鳥羽上皇、佐渡《さど》の順徳《じゅんとく》上皇の帰京を幕府に働きかけた。しかし幕府が、乱の首謀者である両上皇の帰京を許すはずもなく、北条泰時は「家人《けにん》ら一同、然るべからずの由」に決したと拒否した。道家が期待していた、好意的な内容の「将軍（頼経）御消息」はなかったという（『明月記』）。幕府や六波羅探題は、道家の動向に対し次第に目を光らせることとなっていくのである。

後嵯峨天皇の守護

仁治三年（一二四二）正月、十二歳の四条天皇が急死し、皇位不在となった。幕府は、西園寺公経と九条道家が推す忠成王《ただなりおう》を退け、邦仁王《くにひとおう》を新天皇に指名する。これは忠成王が順徳上皇の子であり、この即位が実現すると順徳が帰京する可能性があったからである。邦仁王は倒幕の企てとは無関係だった土御門《つちみかど》天皇の子で、当時二十三歳であった。邦仁、すなわち後嵯峨《ごさが》天皇が北条泰時政権によって擁立されたのである。

後嵯峨の皇位継承により、その伯父土御門定通《つちみかどさだみち》が朝廷政治の中枢に加わる。定通の妻は北条泰時・重時の姉妹（重時とは同母の姉妹）であり、幕府や六波羅探題とのつながりもあった。

後嵯峨天皇時代の朝廷政治は、土御門定通・西園寺公経・九条道家らの主導により行われていく。公経は当初は忠成王を推していたが、後嵯峨が天皇となると、子西園寺実氏の娘姞子《きっし》（大宮院《おおみやいん》）を入内させ、素早く天皇と姻戚関係を結んだ。道家は後嵯峨の外戚《がいせき》でも執柄《しっぺい》でもないため引退が噂されたが、仁治三年六月の北条泰時の死去、さらに寛元二年

（一二四四）八月の西園寺公経の死を契機として、「天下の御計」をすることになる（『平戸記《へいこき》』）。鎌倉の大殿（前将軍）九条頼経の後援によるものである。

鎌倉では仁治三年六月に北条泰時が病死し、孫の経時が十九歳で執権職を継承する。しかし幕府内には、名越流北条氏ら大殿頼経を核とする反主流派が侮りがたい勢力を形成していた。この将軍勢力は京都の九条道家と結び、執権勢力の打倒を目指した。一方道家も、頼経らの支援により、後嵯峨親政下の朝廷政治を意のままにしようとしていたのである。六波羅探題北条重時は、自己と良好な関係にあった泰時流を支持しており、その泰時が擁立した後嵯峨天皇の守護を実行し、後嵯峨の警護担当者を置いたようである（『平戸記』『葉黄記《ようこうき》』）。それは神五郎左衛門尉実員という武士で、信濃《しなの》の諏訪《すわ》一族であったとみられる。諏訪氏は得宗被官《とくそうひかん》であるが、信濃は重時の守護国であったから、神実員が重時とも密接な関係を持っていたことは疑いないところである。寛元四年正月後嵯峨は、子の後深草《ごふかくさ》天皇《てんのう》に譲位して上皇となり、後嵯峨流の皇統が確立する。

さて鎌倉では、寛元四年三月、北条経時が病に倒れ、弟の時頼に執権職を譲った。このような不安定な政情のなかで、名越光時《なごえみつとき》（朝時の子）らは、大殿頼経を擁して時頼打倒を謀るが失敗し、光時は伊豆《いず》に流され、弟時幸《ときゆき》は自害した。これに与した後藤基綱《ごとうもとつな》・狩野為《かのうため》佐《すけ》らも評定衆《ひょうじょうしゅう》を罷免される。七月、孤立した頼経は京都へ強制送還され、宮騒動《みやそうどう》と呼ばれたこの政変は北条時頼が勝者となった。

宮騒動の余波は京都にも及び、八月、時頼政権は朝廷に徳政《とくせい》を申し入れた。この徳政要求は、六波羅探題重時から院司《いんし》の葉室定嗣《はむろさだつぐ》を通じて後嵯峨上皇に伝えられた（『葉黄記』）。ここでいう徳政とは、究極的には九条道家の朝廷政治からの排除を意味していた。十月になると、時頼の被官安東光成《ひかんあんどうみつなり》が上洛し、関東申次であった九条道家・一条実経《いちじょうさねつね》父子を更迭し、西園寺実氏をこれに任じることを伝達した。道家は失脚しつつあった。なおこのとき、朝廷側に篝屋の停止も伝えられている（『葉黄記』）。

宝治元年（一二四七）六月、鎌倉で相模《さがみ》の大豪族三浦泰村《みうらやすむら》・光村《みつむら》一族が滅ぼされる（宝《ほう》治合戦《じかっせん》）。九条道家は三浦氏と結び、政治的挽回を企てていたようである（九条家文書）。しかし三浦氏滅亡により道家の目論見は潰《つい》えた。探題重時は京都やその周辺で、謀叛人与党の捜索を行う（『葉黄記』・追加法二五五〜二五六条）。

後嵯峨は幕府に擁立された存在であり、元来その存立基盤が強固ではなかったが、六波羅探題北条重時は、泰時流（得宗家）の執権と連携しつつ、九条道家ら不穏な勢力から後嵯峨をよく守護したのである。宝治元年七月、重時は六波羅探題を辞し鎌倉に下向する。

執権時頼が重時の連署《れんしょ》就任を望んだためである。これに先立ち、後嵯峨上皇は葉室定嗣を重時の許に遣わし、その功労をねぎらった（『葉黄記』）。後嵯峨は探題重時に絶大な信頼を寄せていたのであり、五年後にその皇子宗尊親王《むねたかしんのう》の将軍就任が実現するのは、後嵯峨と重時との良好な関係に由来するものと考えられるのである。

探題北条長時・時茂・義宗の時代

長時の活動

宝治元年（一二四七）七月、北条重時の鎌倉下向に伴い、六波羅探題北方には重時の嫡男長時《ながとき》が就任した。十八歳である。長時は幼少時から父に従い在京したため、京都で成長した、北条一族としては珍しい存在である。このため重時は、長時が元服した寛元（一二四三〜四七）ころ、鎌倉の御家人社会での交際の在り方などを教えるため、全四十三ヵ条からなる家訓《かくん》を書き与えている。『六波羅殿御家訓《ろくはらどのごかくん》』がそれである。長時は、鎌倉よりはむしろ京都の社会に慣れており、都の貴紳《きしん》との交わりも少なくなかったとみられる。

六波羅探題北条長時の時代は、鎌倉では執権時頼・連署重時が主導した幕府政治の安定

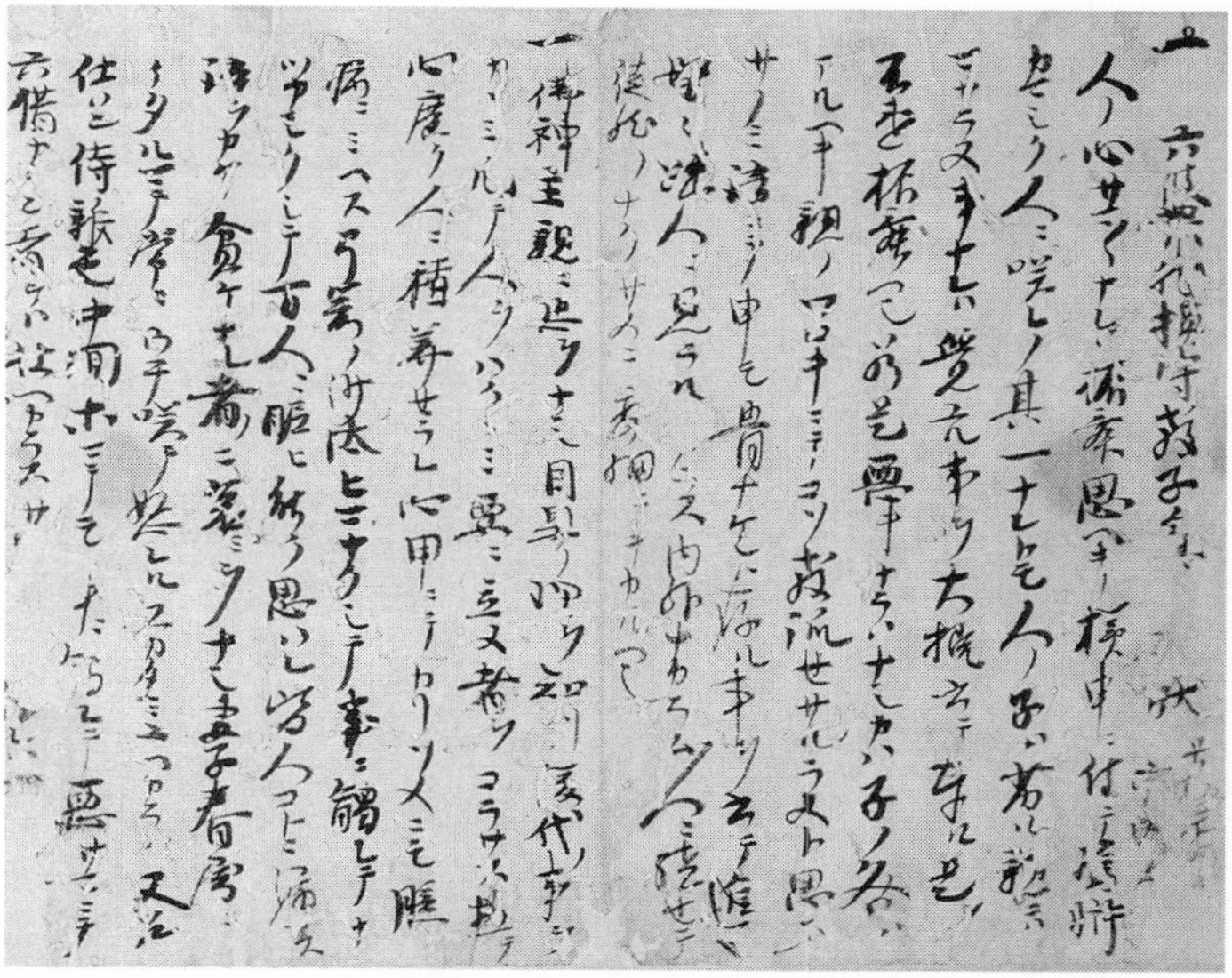

図５　『六波羅殿御家訓』　天理大学附属天理図書館所蔵

期であり、また京都では幕府の支援を受け後嵯峨院政《いんせい》が行われた比較的平穏な時期であった。幕府・六波羅と公家政権とは協調関係にあった時代である。たとえば、建長二年（一二五〇）三月、幕府は延暦寺の僧による、強引な債権回収行為である寄《よせ》沙汰《ざた》を停止するよう、関東申次西園寺実氏を通じ朝廷に申し入れたが（追加法二六六・二六七条）、これを承け、後嵯峨院政下の朝廷は、同年五月、延暦寺に対し寄沙汰などの乱妨を禁止する宣旨を下したのである（『岡屋関白記《おかのやかんぱくき》』）。幕府が主導力を発揮しつつも、公武の政治は協調を基調としていたのである。

さて探題長時の目立った活動としては、宝治二年二月、「年来の積悪」により石清水八幡宮の権別当教清《きようせい》を六波羅に召し出し東国《とうごく》に下したり（『歴代皇紀《れきだいこうき》』）、同七月、後嵯峨上皇を呪詛《じゆそ》した興福寺の栄円《えいえん》・玄芸《げんげい》らを捕えていること（『葉黄記』）が知られる。また建長三年の末には九条大御堂住僧了行《りようぎよう》による謀叛《むほん》未遂事件（建長政変）があった。了行の背後には九条道家・頼経父子がいたから、長時は事件関係者の捜索にあたったとみられる。この事件により九条家は没落し、翌年二月道家は失意のなか死去する。

ところで長時の探題時代には京中の警固を担当した篝屋が廃止中であった。このため朝廷は検非違使庁を再興し、「夜行」「夜巡」などを行うようになっていた（『葉黄記』『吉口伝《きちくでん》』）。朝廷は京中の治安維持に自己責任を持たざるを得なくなったわけだが、上記したように、当時六波羅も犯罪者の検挙にあたっており、長時が京中の治安維持活動に協力したことは間違いないだろう。なお篝屋再興が確認されるのは、弘長二年（一二六二）四月を初見とする（『賀茂行幸記《かもぎようこうき》』）。

さて建長政変によって、将軍九条頼嗣《よりつぐ》（頼経の子）が廃立され、後嵯峨上皇の子宗尊親王が新将軍として鎌倉に迎えられることとなる。この親王将軍の実現の背景には、後嵯峨と長時の父北条重時との信頼関係があったことは先に指摘した。建長四年三月、宗尊は京都を出発する。探題長時は、長井泰重《ながいやすしげ》・波多野義重《はたのよししげ》・佐分《さぶり》（佐分利）親清《ちかきよ》らの六波羅の要人たちとともに、宗尊に供奉《ぐぶ》し鎌倉に下向した。

康元元年（一二五六）三月、北条長時は六波羅探題の任を離れ、鎌倉に下った。この月、父重時が連署を辞し、出家したためである。長時は重時の後継者であり、六月には引付《ひきつけ》衆《しゅう》を経ず評定衆に特進し、十一月、出家した北条時頼の後任として執権職に就任する。

時茂と時輔

北条長時について六波羅探題となったのは、北条時茂《ときもち》である。時茂は長時の十一歳年下の弟で、康元元年四月、北方探題に就任した。十六歳の若さである。

六波羅探題北条時茂期も、後嵯峨上皇が朝廷政治を主導しており、公武協調の時代であったとみてよい。弘長元年二月、幕府が六十一ヵ条からなる法令の関東新制《しんせい》条々を定めると、二年後の同三年八月には、朝廷が公家新制《くげしんせい》四十一ヵ条を制定するなど、東と西が呼応し政治が行われていたことがわかる。時茂も後嵯峨上皇の活動を支援し、正嘉二年（一二五八）三月、後嵯峨が高野山《こうやさん》に御幸したときには、時茂自身が守護職を兼帯する和泉《いずみ》国の御家人に命じて高野山の政所《まんどころ》御所《ごしょ》を警備させ、幕府からも「神妙」と賞せられている

(和田文書《みきたもんじょ》)。

また正元元年(一二五九)六月幕府は、「西国雑務」につき「殊なる重事」以外は、六波羅探題が直接成敗するよう、時茂に命じている(追加法三二四条)。「殊なる重事」の詳細については明らかでないが、時茂期に六波羅の権限が強化されたのである。

しかし探題時茂の時代は決して平穏ではなかった。それは正嘉元年三月、園城寺《おんじょうじ》が戒《かい》壇《だん》設置を朝廷に求め強訴・離寺を企てたことが発端となり、設置に反対する延暦寺が蜂起したからである。戒壇とは、僧侶となるための授戒を行う場のことで、当時京周辺では、東大寺《とうだいじ》と延暦寺にのみ存在していて、園城寺にはなかった。この戒壇設置をめぐる紛争は、朝廷の優柔不断さもあって、正嘉二年と文応元年(一二六〇)には、延暦寺衆徒が日吉・祇園《ぎおん》神輿を奉じて強訴・入京し、さらに文永元年(一二六四)五月に延暦寺が園城寺を焼き払う事態にまでいたる。このため『正元二年院落書《しょうげんにねんいんのらくしょ》』に「京中武士アリ」と風刺されたように、都は警固の武士で充満した。廃止中の篝屋が再興されたのも、この戒壇騒動の最中であったとみられ、そこには騒動に伴う京中の治安悪化を防ぐ目的があったと考えられる。この当時六波羅探題時茂は、頻繁に在京武士に指令して、強訴や紛争を鎮めて治安を維持せねばならず、その負担は多大であったろう。

このような京都の状況下、北条時輔《ときすけ》が六波羅探題南方として上洛する。文永元年十一月のことである。当時十七歳。仁治三年（一二四二）の北条時盛退任以来、二十二年振りの南方探題の再興である。時輔は北条時頼の長男で、北条時宗《ときむね》の兄であった。しかし母の出自が低かったため、時頼の嫡子《ちやくし》とはされなかった。時宗の母親は時頼の正妻北条重時娘（葛西殿）であったのである。

さて、よく知られているように、文永九年二月時輔は、鎌倉の命を受けた六波羅北方北条義宗《よしむね》によって誅殺される。この事実と結び付け、時輔の六波羅探題就任を「鎌倉からの追放」などとする見解がよくみられる。北条時宗政権が、時輔を鎌倉から排除したとみるのである。たしかに、時輔の曽祖父泰時や祖父時氏が任じた六波羅北方ではなく、北方よりも格下の南方に任じたことは、極楽寺流北条氏の時茂の下位に位置付けられたことを意味し、時輔にとって屈辱的な人事で、左遷と感じたかもしれない。しかし、北条時茂単独時代の六波羅探題は、園城寺と延暦寺の泥沼化した抗争に巻き込まれ、その職務活動を行う上で負担が増大していた。またこのころ、興福寺による強訴も頻繁に発生していたのである。従って、時茂の任務遂行上の負担を軽減するため、空席であった南方探題の任命がなされたとみても不自然ではない。さらに、弘長三年十一月には得宗《とくそう》北条時頼、翌文永元年五月には大仏朝直、同年八月には執権北条長時が死去するなど、当時、鎌倉幕府要人が相次いで亡くなり、政権中枢に揺らぎが生じつつあった。このような、京都や鎌倉の不安定な政治状況のなかで時輔は南方探題に任じられたのであり、六波羅探題として活躍を期待されたとみてよい。文永七年正月、北方探題時茂が急死し、時輔のみの探題在任となるが、翌文永八年十二月に、北条義宗が北方探題として上洛するまで、時輔は約二年にわたり、単独で六波羅探題の政務を行う。得宗庶流の北条時輔は極楽寺流北条氏の下位に位置付けられたものの、通常通りに探題の職務を遂行していた。時輔の六波羅探題就任を「鎌倉からの追放」とするのは、一面的なものの見方にすぎないであろう。

なお時輔は探題就任当時十七歳と若年であったが、南条頼員らの有力被官が側近として仕え（高野山文書宝簡集）、また妻の実家であり播磨《はりま》守護職を有する小山《おやま》一族も彼を支えていたとみられる。このようなバックアップもあって、時輔は六波羅探題としての職務活動を行うことができたのである。

極楽寺流を支えた有力被官

六波羅探題に就任したとき、北条長時は十八歳、北条時茂は十七歳であった。しかも、かれらの探題時代は、いまだ評定衆《ひょうじょうしゅう》や奉行人《ぶぎょうにん》らの六波羅探題の官僚組織が充分に整備されていなかった時期である。若年ながら、かれらが六波羅探題としての重責を全うすることができたのは、父北条重時の探題在任時代以来仕えてきた、有力被官が存在したからである。かれらは重時とともに鎌倉に下向することなく、そのまま在京し、子息の六波羅探題長時・時茂に仕えた。探題職務のノウハウを熟知しており、若き探題を支えたのである。ここではその代表的存在として、佐分親清と佐治重家《さじしげいえ》の活動をみておきたい。

佐分親清は、重時の正室兵部卿平基親《ひょうぶきょうたいらのもとちか》娘の一族で、高棟流桓武平氏《たかむねりゅうかんむへいし》の出身である。公家重時流の守護国若狭《わかさ》の守護代を務め、若狭の守護領佐分郷を領して佐分氏を称した。出身で極楽寺流北条氏の被官でありながら御家人にもなっており、建長四年（一二五二）六波羅の要人として、探題長時や長井泰重らとともに、新将軍宗尊親王の鎌倉下向に供奉している。おそらく六波羅評定衆に任じていたと考えられる。また建長二、三年ころ、閑《かん》院内裏《いんのだいり》造営のための、六波羅側の担当奉行として活動していることも知られる（中山法《なかやまほ》華経寺《けきょうじ》所蔵双紙要文紙背文書）。親清は正嘉（一二五七〜五九）ころまでは在京したとみられ（『経俊卿記《つねとしきょうき》』）、若き探題を支えたのである。なお親清とその妻（実材卿母《さねききょうのはは》）、そして娘たちは歌人としても知られている。

佐治重家は六波羅探題重時・長時・時茂三代の執事を務めた極楽寺流北条氏の重臣であ

る。佐治氏は因幡《いなば》国の御家人で、重家は天福元年（一二三三）には探題重時の執事となっていた。寛元四年（一二四六）八月、幕府が朝廷に徳政の実施を要求したとき、探題重時の使者として、後嵯峨上皇の執権別当葉室定嗣の許に赴き、定嗣に六波羅への来向を求めている（『葉黄記』）。また建長三年には、再建した閑院内裏の作所奉行人として活躍する。探題時茂期には、興福寺と石清水八幡宮、延暦寺と園城寺の紛争などに際し、探題執事として後嵯峨院政下の朝廷と折衝している姿がみられる（『経俊卿記』）。先記した正嘉二年の、後嵯峨上皇の高野山御幸《ごこう》の警固責任者も、実のところ和泉守護代を兼ねた重家なのであった。重家は後嵯峨上皇と信頼関係を築いており、弘長元年五月には、幕府の命を受け後嵯峨に諫言《かんげん》したことも知られている（『民経記』）。

重家は鎌倉にしばしば下向し、六波羅探題の職務について幕府側との調整にあたった。弘長二年五月、鎌倉で重家は、公家から引き渡された犯罪者や悪党《あくとう》らの件など十ヵ条におよぶ指令を受けている（追加法四〇七～四一六条）。また翌弘長三年十月にも鎌倉に下り、幕府評定《ひょうじょう》の座で、地頭不設置の権門領での強盗人逮捕など六波羅探題の検断《けんだん》につき、協議している（『吾妻鏡《あずまかがみ》』）。幕府は、京都とその周辺の事情を熟知している、探題北条時茂の執事重家を鎌倉に呼び、法令を制定する際にその意見を取り入れたものと考えられる。

探題執事佐治重家の重要な役割がよく窺える。

重家は後嵯峨上皇をはじめとする公家たちとの接触も少なくなかったから、かれが文に秀でた教養人であったことは疑いない。重家を説話集『十訓抄《じっきんしょう》』の作者とする見解も存在する（石井進　一九九七・内田澪子　二〇〇九）。その当否はひとまず措くとしても、歌人佐分親清の存在と併せて考えるならば、六波羅探題極楽寺流北条氏の周辺で、活発に文化活動も行われていたことが想像される。重時・長時・時茂はいずれも勅撰歌人であった。ちなみに重時は、母姫前の後夫で歌人の源具親《みなもとのともちか》に和歌を学んでいたようである（『明月記』）。

義宗の時代

文永八年十二月、北条義宗が六波羅探題北方に就任した。義宗は重時の孫で、長時の子である。当時十九歳。義宗も若年であって、鎌倉での政治経験も豊富であったとは考えられない。南方探題として北条時輔が在任していたが、義宗は執権探題として六波羅の政務をリードした。父祖と同様に、京都に慣れた極楽寺流北条氏の被官に支えられていたものと考えられる。

文永九年二月十五日、北方探題義宗は、鎌倉の命を受け南方探題時輔を急襲し、これを滅ぼした。これより前の同五年に蒙古《もうこ》（元《げん》）の国書が到来し、日本に服属を求めていた。

執権北条時宗政権はこの危機に対処するため、権力強化を志向し、鎌倉で名越時章《なごえときあき》・教時《のりとき》兄弟を討ち、京都で時輔を討滅したのである。名越流北条氏は、時章・教時の父朝時以来、得宗家に反抗的な人物が少なくなかった。一方時輔は、庶子《しょし》とはいえ時宗の兄であり、京都では「人のおぢ恐れてありし」（『五代帝王物語《ごだいていおうものがたり》』）存在となっていたから、危険な人物と見做されたのであろう。ただし、鎌倉で殺された名越時章は「無罪」であったとされるから、時輔も時章と同様に、謀叛の意思があったとは考えにくいようにも思われる。なお、時輔は京都で殺されず「吉野ノ奥」に逃れたとする説もある（『保暦間記《ほうりゃくかんき》』）。北条時宗死後の弘安七年（一二八四）九月の段階でも、時輔生存説が囁かれていた（細川重男 二〇〇七）。殺害されたはずの時輔が、実は生きているとする伝説は、かつての源義親《よしちか》（義家《よしいえ》の子）不死の噂を彷彿させるものがある。時輔も一廉《ひとかど》の武将とみられていたのであろう。

さて、時輔の討滅とほぼ同じころの二月十七日、京都ではもうひとつ大きな出来事があった。それは治天《ちてん》の君《きみ》後嵯峨上皇の死去である。後嵯峨は北条泰時によって擁立された天皇で、当初は朝廷内での支持基盤が弱かったため、六波羅探題北条重時が保護者的存在としてこれをよく支えた。後嵯峨と重時流北条氏の探題とは良好な関係にあったのである。

このような朝廷と六波羅との関係は、後嵯峨流の親王将軍（宗尊・惟康《これやす》の二代）を戴く鎌倉の幕府の望むところでもあったろう。ところが、その後嵯峨が死去したのである。当時の天皇は亀山《かめやま》で、子の世仁《よひと》（後宇多《ごうだ》天皇）が皇太子となっていたが、亀山には兄後深草《ごふかくさ》上皇がおり、その動向次第で、京都政界に波乱の生じる可能性があった。事実、文永十一年正月、亀山天皇から後宇多天皇に譲位すると、翌建治元年（一二七五）十一月、幕府の意向もあって、後深草上皇の子熙仁《ひろひと》（伏見《ふしみ》天皇）が皇太子となり、天皇家が分裂の様相を呈していくのである。

さて文永十一年十月、ついに蒙古軍が日本に襲来した。対馬《つしま》・壱岐《いき》を蹂躙《じゅうりん》したのち、九州の筑前《ちくぜん》を襲う。文永《ぶんえい》の役《えき》である。元軍は博多《はかた》に上陸し、幕府軍との戦いとなったが、その大船団は、程なく博多湾から撤退した。文永五年以来幕府は、守護を中心に西国の守備を固め、また九州に所領を持つ御家人に対して下向を命じており（追加法四三六条・参考資料一〇条）、これらの対策が功を奏したともいえる。しかし、元軍は幕府軍の戦力などを確かめた上で、自主的に撤退したとみられ、再び日本を襲うことは必至な情勢であった。六波羅探題自身が九州に下り、最前線で戦うことは想定されていなかっただろうが、地政学的にみて、博多・大宰府《だざいふ》と鎌倉との中間点にあたる、京都の六波羅探題府の重要性が増していったことは間違いない。北条義宗は、このような緊迫した情勢下で、六波羅探題の任務を果たさなければならなくなった。

義宗は極楽寺流北条氏の嫡流で、執権時宗の従兄弟であった。このような立場であったため、鎌倉の幕府から信頼され、時輔死後、単独で六波羅探題の政務を遂行した。しかし、西国情勢は内憂外患の時代となりつつあり、若き義宗は多大なる負担を感じたに違いない。このような状況下、探題義宗を支援するため、鎌倉から要人が上洛する。建治元年十二月、伊賀光政《いがみつまさ》・二階堂行清《にかいどうゆききよ》・町野政康《まちのまさやす》という幕府引付衆三名が上洛し、六波羅評定衆に任じられたとみられる。この三人は源氏将軍時代の京下り官人《かんじん》の子孫で、官僚系の有力御家人である。そして同じころ、北条時盛《ときもり》が孫の時国《ときくに》を連れて上洛する。時盛はかつて、北条時氏・重時と並び、六波羅探題南方を長らく務めた存在で、義宗の母方の祖父であったとみられる人物である。当時七十九歳の高齢で、すでに出家し勝円と称していたが、彼の上京は、探題経験者として、孫の義宗を後見・補佐するためであったと考えられる。時盛は、建治三年五月、八十一歳で死去するまで在京し続けた。

北条義宗は、建治二年十二月、六波羅探題の任を離れ鎌倉に下向する。翌年六月には、父長時と同様に、引付衆を経ず評定衆に昇進している。しかし、それからわずか二ヵ月後の八月、二十五歳の若さで死去した。病死とみられるが、六波羅時代の政治的重圧がストレスとなって、命を縮めたのかもしれない。義宗離任後の六波羅探題はすぐには任命されず、北条時盛と時国が、「六波羅留守」（『建治三年記』）として探題に準じて存在していたとみられる（森茂暁　一九九一）。

転換期の六波羅探題

建治二年（一二七六）、北方探題北条義宗《よしむね》が離任し、極楽寺流《ごくらくじりゅう》北条氏の六波羅探題請負時代は終わる。翌年北条時村《ときむら》が北方探題に就任し、南方探題にも北条（佐介《さすけ》）時国《ときくに》が任命される。これ以降、南北両探題が揃って在任するようになる。北条時村は蒙古《もうこ》が再襲来した時期に執権《しっけん》探題として活躍し、さまざまな活動足跡を残した。弘安十年（一二八七）執権探題は北条兼時《かねとき》が継承したが、内管領《うちかんれい》平頼綱《たいらのよりつな》が専権を振るった時代であり、京都にもその影響が及ぶ。頼綱が北条貞時《さだとき》によって滅ぼされた年の永仁元年（一二九三）、北条（赤橋）久時《ひさとき》が北方探題となるものの、六波羅探題の権限は限定的なものであった。

探題北条時村の時代

時村の探題就任

建治三年（一二七七）十二月、北条時村が六波羅探題北方に任命された。時村は北条政村《まさむら》の嫡子《ちゃくし》で、このとき三十六歳。父政村は執権・連署《れんしょ》として若き北条時宗《ときむね》を支えた宿老《しゅくろう》として知られている。時村も文永六年（一二六九）には引付衆《ひきつけしゅう》、翌七年には評定衆《ひょうじょうしゅう》に加えられ、父が死去した文永十年には二番引付《ひきつけ》頭人《とうにん》に任じられた。幕府の要職を歴任した、政治経験が豊富な人物であった。

時村が六波羅探題に就任したとき、南北ともに六波羅探題は空位であった。建治二年十二月に北方探題北条義宗が退任し、その後見的立場であった北条時盛入道《ときもりにゅうどう》も同三年五月に死去していた。このような状況のなか、時村が北方探題に任命されたのである。これと同時に、在京していた時盛の孫時国が南方探題に任じられた。時村は執権探題として六波羅の職務を主導していく。時村・時国以降、南北両探題が揃って在任するのが原則となる。

北条時村が探題に就任したのは、蒙古軍の再襲来に備えるためであったと考えられる。建治元年末ころ、九州など西国守護《さいごくしゅご》の大幅な交代（多くは北条氏に交代）が行われており、さらに時村を上洛させ、九州と鎌倉との中継地点ともなる京都六波羅の体制強化を計ったとみられる。これより以前、四十数年にわたり、極楽寺流北条氏が執権探題として六波羅北方に任じていたが、政治経験豊富な時村を抜擢して、六波羅探題の職務を委ねたのである。また、極楽寺流北条氏と親密な関係にあった後嵯峨《ごさが》法皇が文永九年に死去していたことも、時村の探題就任をスムーズにしたものと思われる。

官僚機構の整備

北条時村の探題就任は、六波羅探題の歴史においても画期的な意義を持っていた。それは極楽寺流北条氏による六波羅探題北方の世襲が終了したことにより、その被官《ひかん》を主力とした六波羅の請負状況が解消され、新たに六波羅の職務を担う存在として官僚機構が整備されていくからである。詳細については次章「探題を支えた在京人たち」で述べるが、六波羅草創期から活動する長井氏《ながいし》、そして建治元年に上洛した伊賀氏《いがし》や町野氏《まちのし》らの有力な吏僚系在京人、そして実務を担う奉行人《ぶぎょうにん》などの探題職員を中心に職務が行われるようになる。六波羅の官僚組織が強化されていくのである。

また、極楽寺流北条氏の探題時代には、探題と朝廷との間に密接な信頼関係が成立していて、たとえば、康元元年（一二五六）八月、探題北条時茂《ときもち》の執事佐治重家《さじしげいえ》は、後嵯峨上皇の意を受け、伝奏《てんそう》の姉小路顕朝《あねがこうじあきとも》と、興福寺《こうふくじ》と石清水八幡宮《いわしみずはちまんぐう》との紛争について内々協議を行うことがあった（『経俊卿記《つねとしきょうき》』）。しかし、このような六波羅探題と朝廷との密接な関係が、時村の探題就任により消滅したことにより、弘安年間（一二七八〜八八）以降、朝廷（院宣《いんぜん》もしくは綸旨《りんじ》）→関東申次《かんとうもうしつぎ》（施行状《しぎょうじょう》）→執権探題という制度的な、個別的人間関係に依拠しない、朝廷から六波羅への公武の交渉文書のシステムが成立すると考えられる。朝廷から六波羅への指示・連絡は、基本的に関東申次西園寺氏《さいおんじし》を介して行われるのが原則となる。関東申次西園寺氏が、朝廷の指令を受け、六波羅探題にその命を施行するのである。北条時村在職時の関東申次施行状の一例を次に掲げよう。出典は、関東申次西園寺実兼《さねかね》の子公衡《きんひら》の日記『公衡公記』弘安六年（一二八三）八月二十二日条である。

> 延暦寺執当法眼兼覚《えんりゃくじしつとうほうげんかくけん》・同三綱《さんごう》権寺主定意《ごんのじしゅじょうい》等を召し遣わさる由の事、院宣、此《か》くのごとし、子細、状に見え候歟の由、春宮大夫《とうぐうのだいぶ》（西園寺実兼）申すべきの由候なり、
> 恐々謹言、

八月廿二日　　　　　　　　　　　　沙弥観証《しゃみかんしょう》（三善為衡）奉

謹上　武蔵守（北条時村）殿

これが六波羅探題宛の関東申次施行状と呼ばれるもので、西園寺実兼の家司《けいし》観証（三善為衡）が奉者となり、執権探題の北条時村に、延暦寺の兼覚・定意らの身柄を預かることを求めた亀山《かめやま》上皇院宣の旨を伝達したものである。なお西園寺実兼宛の亀山上皇院宣も『公衡公記』同日条に記されている。

探題北条時村の登場により、朝廷→関東申次→六波羅探題という公武交渉文書システムが確立した。極楽寺流北条氏の六波羅探題請負の消滅とともに、この文書伝達システムが現れるのであり、その成立の背景には幕府・六波羅側からの働きかけがあったものと考えられる。この点に鑑みれば、これ以降、文書主義が重視されていくといえるのであり、六波羅探題府の組織や制度が官僚的なものに推移していくことと軌を一にしているとみてよいだろう。時村の探題就任を画期として、北条一門の誰が探題となっても機能する組織となっていくのである。

時村の政治姿勢

北条時村は、鎌倉での政治経験が豊富であったこともあり、六波羅探題としてもリーダーシップを発揮し、顕著な活動がみられた。まずその政治姿勢をみておきたい。

弘安二年五月、石清水八幡宮は、八幡神人《じにん》の油商人の妻子を拘禁し死に至らしめた、赤《せき》山神人《さんじにん》蓮法法師《れんぽうほうし》の処罰を求め、神輿《しんよ》を奉じ入京した。この致死事件は、石清水側から検非《けび》違使《いし》に訴えられたものの、長らく放置されていたらしい。だが、石清水神輿が入京する事態となり、亀山院政下の朝廷は、六波羅探題に命じ蓮法法師の身柄を拘束させようとした。これは赤山神人が比叡山延暦寺《ひえいざんえんりやくじ》に属する存在であり、その速やかな身柄確保が、検非違使では容易でないと判断したためとみられる。これに対し六波羅は、「日来、使庁《しちょう》の沙汰《さた》たり、使庁、尤も沙汰を致すべき」（『吉続記《きちぞくき》』弘安二年五月六日条）、つまり「もともと検非違使庁が担当していたのだから、最後まで検非違使が責任を持ってやるべきでしょう」と回答したのである。この回答は執権探題北条時村の意向とみられる。時村にしてみれば、検非違使の担当案件であったことに加え、事件の対応を誤れば、六波羅と延暦寺・石清水八幡宮との間にも、新たな火種が生じる可能性があり、それを避けるためにも要求を拒絶しようと考えたのであろう。事態が深刻化しそうな段階で、朝廷に協力する必要もないと判断したと思われる。最終的に六波羅探題は、蓮法法師の身柄拘禁を果たすのだが、事件の担当検非違使である中原明綱《なかはらあきつな》の解官《げかん》、検非違使別当藤原親朝《べつとうふじわらのちかとも》の停任《ちょうにん》、そして石清水神輿の本宮への帰座がなされたうえで、それは実行に移された。六月には蓮法を薩摩《さつま》に配流する（『仁部記《にんぶき》』『花園天皇日記《はなぞのてんのうにっき》』正和三年〈一三一四〉閏三月四日条）。

この蓮法法師をめぐる一件からは、時村が主導する六波羅探題が、朝廷からの指令・要求を指示通り忠実に実行するのではなく、朝廷側にもその案件解決への根幹的な取り組みを求め、それがなされたときに問題を協力して解決しようとする姿勢が窺えるだろう。洛《らく》中警固《ちゅうけいご》を担うとはいえ、六波羅探題は幕府の機関であって、検非違使庁と同等な、朝廷の下部組織ではないのだ。この一件には、朝廷との関係における探題時村の政治姿勢が明瞭に現れている。弘安七年九月にも六波羅探題は、伊勢神宮《いせじんぐう》の神人が斎宮寮頭《さいぐうりょうとう》のため狼《ろう》藉《ぜき》を受けた事件を尋ね沙汰するよう命じた院宣を履行せず、これを返上していることが知られる（『勘仲記《かんちゅうき》』）。探題時村は朝廷の指令であっても従順にこれを奉じたわけではなかったのである。

再度の蒙古襲来

北条時村は、蒙古の再襲来に対処するため、六波羅探題に就任したとみられるが、その蒙古軍は弘安四年五月、対馬《つしま》・壱岐《いき》を侵し、六月には博多湾の志賀島《しかのしま》を襲い、鎌倉幕府軍との戦いが始まった。幕府は海岸沿いに石塁《せきるい》を築いて防御を固めており、これが功を奏し蒙古軍の上陸を許さなかった。閏七月、肥前鷹島《ひぜんたかしま》に結集していた蒙古軍を暴風雨が襲い、その大船団は海の藻屑となり、溺死を免れた蒙古兵たちも多くが討たれた。弘安《こうあん》の役《えき》である。

「壬生官務家日記抄《みぶかんむけにっきしょう》」弘安四年七月六日条には、幕府が六月二十八日付で六波羅探題に対し、「異国合戦」つまり蒙古との合戦の兵粮米《ひょうろうまい》として、「鎮西《ちんぜい》及び因幡《いなば》・伯耆《ほうき》・出雲《いずも》・石見《いわみ》」の国衙《こくが》・荘園《しょうえん》の年貢《ねんぐ》や「富有」人の米穀の差し押さえを、関東申次西園寺実兼を通じ、朝廷に要求したことがみえる。また閏七月九日付で「寺社権門領本所一円地《ほんじょいちえんち》庄官以下、武家下知《ぶけげち》に随い、戦場に向かうべき事」が勅許された（参考資料補遺四〜六条〈『中世法制史料集　第一巻　鎌倉幕府法』〉）。「寺社権門領本所一円地庄官以下」つまり非御家人《ひごけにん》の動員である。京都六波羅は、戦場となった九州と鎌倉との中継地点にあたり、戦況を報告する飛脚《ひきゃく》も、六波羅を経由して鎌倉に到ったが、上記のような幕府からの要求を朝廷側に伝達したのも六波羅探題であった。

閏七月九日付で勅許がでた、非御家人の戦場動員は、蒙古軍が壊滅したため、履行されることはなかったが、「武家下知に随い」とあったように、これが実行されていれば、その軍事指揮者は武家＝六波羅探題であり、執権探題北条時村がこの軍事動員における責任者となったと考えられる。幕府もこのような事態を見越して、時村を探題として上洛させたのだと思われる。また弘安の役では、後深草《ごふかくさ》・亀山両上皇の関東下向計画もあったとされ（『増鏡《ますかがみ》』）、戦況次第では時村の任務はより重大性を増していたことだろう。

時村の苦悩

弘安の役から程なくの、弘安四年十月、京都では興福寺衆徒《しゅと》が春日社《かすがしゃ》の神《しん》木《ぼく》を奉じて入京する事件が起こる。従来から火種となっていた、興福寺領山城《やましろ》国大住荘《おおすみのしょう》と石清水八幡宮領同　薪荘《たきぎのしょう》との境界相論《きょうかいそうろん》がその原因である。現地での紛争をきっかけとして、興福寺衆徒が強訴《ごうそ》・入京に及んだのである。探題北条重時《しげとき》期の、嘉禎の強訴事件の再現といってよい。朝廷の要請を受けた六波羅探題は、六波羅評定衆の長《なが》井《い》頼重《よりしげ》らを派兵し、宇治《うじ》や稲荷付近でこれを阻止しようとした。しかし衆徒の勢いに押され、入京を許してしまう。強訴の原因となった大住・薪荘の堺相論は、事態収拾が困難を極め、結局朝廷では対応不能となった。最終的に幕府にその解決が委ねられることとなるのである（海津一朗　一九九八）。

さて、この強訴に際し六波羅探題は、朝廷の要請を受け在京人を派遣し、僧兵《そうへい》の入京阻止にあたったのであるが、幕府は、在京人が衆徒に対し狼藉を行ったという興福寺側の訴えを容れ、在京人の流刑《るけい》を六波羅に命じた。これに対し探題時村は、在京人に替え、北と南両探題の被官各二名（北方＝河原口政保《かわらぐちまさやす》・伊藤祐兼《いとうすけかね》、南方＝大瀬友国《おおせともくに》・柘植清継《つげきよつぐ》）を流罪に処すということで、幕府の承諾を得た。時村は、衆徒の入京を防ぐようにとの勅命を受け、在京武士たちに命じそれを行ったのに、彼らを罪科に処すようなこととなれば、今後は誰がこのようなときに命令に従うであろうか。僧兵の入京阻止の際に思わぬ狼藉が生じたとしても、それは在京武士たちの責任ではない。

と、幕府に申し入れたという（『勘仲記』弘安五年二月一日条）。いかにも硬骨漢の北条時村らしい、筋の通った言い分である。だが、弘安五年十二月になると、さらに興福寺側の要求によって、六波羅の重鎮である評定衆長井頼重と、時村の重臣（執事ヵ）弾正忠職《だんじようのちゆうもと》直《なお》が、越後《えちご》と土佐《とさ》に流罪となった（『勘仲記』『一代要記《いちだいようき》』）。時村にすれば、さらにやりきれない思いが残ったに違いない。

翌弘安六年正月には、四天王寺《してんのうじ》別当の人事を訴え、延暦寺衆徒が日吉社などの神輿を奉じ入京する。しかも、あろうことか、衆徒は後宇多《ごうだ》天皇の万里小路《までのこうじ》皇居に乱入し、狼藉の限りを尽くした。これは六波羅や篝屋《かがりや》警固の在京人たちが「神輿入洛の時、防禦の沙汰に及ば」なかった（『公衡公記』弘安六年七月二日条）ためである。僧兵と戦ったがゆえに、六波羅評定衆長井氏でさえ流罪に処されたのであり、在京人たちがその防御に消極的であったのも無理はない。しかし、当然ながら幕府はこれを問題視し、六波羅の職務怠慢を責めた。幕府は六波羅や在京人を罰することもできたが、いまだ蒙古再来の危機が続いていたため、「此くのごときの時、勇士一人も大切に候」（同）という理由で、これを赦した。幕府としても、ここで再び在京武士を処罰すれば、洛中警固を担う在京人に背かれ、六波羅探題の機能が大きく麻痺すること危惧せざるをえなかったのである。蒙古の危機を表向きの理由として、処分を科すのを避けたのであろう。

探題北条時村の時代は、六波羅探題の官僚組織が整備され、裁判機能なども強化されていったが、上記のように、権門寺社の紛争が相次ぎ、時村は幕府や朝廷、そして配下の在京人との関係に苦慮せねばならなかった。時村が、洛中警固の任務を忠実に実行すればするほど、在京人たちは矢面に立たされるのであり、探題と在京人とは離間せざるを得なかったのである。執権探題の重責を担う時村のジレンマはそこにあった。

弘安六年十一月、時村は子息（為時《ためとき》ヵ）とともに、奈良の春日神社に参詣《さんけい》したことが『中臣祐春記《なかとみすけはるき》』にみえている。春日若宮にも詣で、銭二十貫文・金二十両などを寄進《きしん》して神楽《かぐら》も行った。この探題時村の春日社参は大がかりなものではなかったが、蜂起を繰り返す興福寺・春日社に対する一種の懐柔行為であったのかもしれない。

時村の探題離任

弘安七年四月四日、鎌倉で執権北条時宗が死去した。三十四歳の若さである。探題北条時村は、時宗死去の報を受け、京都を離れ鎌倉に向かった。しかし三河《みかわ》国まで下向したものの、京都に追い返されてしまう（『勘仲記』）。これはかつて、探題北条重時や同時茂《ときもち》が、執権北条泰時《やすとき》や得宗時頼《とくそうときより》の危篤・死去に際し、鎌倉下向を果たしたのと比べると、異常な事態である。

また、この年六月、南方探題の北条（佐介）時国は、六波羅探題の任を解かれ京都を離れたが、鎌倉に入ることができず、常陸《ひたち》国伊佐《いさ》郡に身柄を移された。そして十月に時国は「打手平左衛門尉（宗綱カ）」によって誅殺されてしまう（平岡定海氏所蔵「東大寺別当次第《とうだいじべっとうしだい》」）。時国には「年来の悪行」があったとされる（『武家年代記《ぶけねんだいき》』）が、公家日記《くげにっき》など当時の記録類にはそのような行状は見出せない。さらに時国の叔父北条（佐介）時光《ときみつ》も「陰謀」が露顕したとして、同年八月に佐渡《さど》に配流されている（『鎌倉年代記裏書《かまくらねんだいきうらがき》』）。佐介流北条氏は粛清を受けたのであった。

これら一連の事件からは、弘安七年四月の北条時宗死去の直後から、鎌倉が不穏な政情下にあったことが窺える。同年七月に、時宗の子貞時《さだとき》が執権に就くが、いまだ十四歳の若年であった。翌弘安八年十一月、安達泰盛《あだちやすもり》らが内管領平頼綱によって討滅される霜月騒動《しもつきそうどう》が勃発する。鎌倉の政情不安は、安達氏と平氏との深刻な対立が原因であったと推断される。常陸に移された時国が、平頼綱の息宗綱によって討たれていることから判断すると、幕府内では頼綱派が主導権を握りつつあり、北条一門佐介氏を泰盛派と見做し、圧迫を加えたとも考えられる。北条時村が三河から京都に追い返されたのも、頼綱が「気骨のある政治家」時村の鎌倉帰還を嫌い、泰盛に加担することを事前に阻止した可能性があるかもしれない。

さて弘安八年十一月、平頼綱は鎌倉で安達泰盛を滅ぼした。足利《あしかが》・三浦・小笠原氏《おがさわらし》らの有力御家人《ごけにん》の一族も討たれ、武蔵《むさし》・上野《こうずけ》では、五百人もの御家人が討滅されたとされている。霜月騒動の余波は六波羅探題にも及び、弘安十年六月には、六波羅の要人長井貞重《さだしげ》（頼重の子）が鎌倉に召し下されることとなる。これは、関東評定衆家の長井宗秀《むねひで》が安達泰盛の姉妹を妻としていて、霜月騒動に連座したことと関連するものともみられる。

弘安十年八月十四日、北条時村は六波羅探題を辞し鎌倉に下向した。六月末に死去した北条業時《なりとき》に替わり、連署に就くためであった。しかし時村の鎌倉到着が遅れたため、大仏《おさらぎ》宣時《のぶとき》がこれに就任してしまったという（『新抄』）。宣時は八月十九日に連署となっている（『将軍執権次第《しょうぐんしっけんしだい》』）から、時村は数日遅れで連署に就けなかったようである。しかし時村の鎌倉帰還は確実なのであるから、数日遅れで連署就任が成らなかったというのは不可解である。時村の鎌倉下向に伴い、執権探題には得宗庶流の北条兼時が就き、内管領平頼綱による朝廷政治への介入が始まる。この事実を考慮すると、時村は頼綱によって京都から遠ざけられた可能性が高い。頼綱による「厄介払い」とみてよいだろう。ただし時村は、連署には就けなかったものの、弘安十年十二月に一番引付頭人、正応二年（一二八九）五月には寄合衆《よりあいしゅう》に任命される。

探題北条兼時・北条久時の時代

兼時の探題就任

北条兼時《ほうじようかねとき》は北条宗頼《むねより》の子である。宗頼は北条時頼《ときより》の庶子《しよし》で時宗の兄弟。宗頼は蒙古の再襲来に備え、長門《ながと》・周防《すおう》の守護となり現地に下向したが、弘安二年（一二七九）六月、長門で没した。兼時は、弘安七年十二月二日、滞留していた播磨国賀古河《かこがわ》から上洛し、六波羅探題南方となる（「六波羅守護次第」）。二十一歳である。北方探題には北条時村が在任していた。兼時は得宗家の出身で、北条時宗の猶子《ゆうし》であった（細川重男　二〇〇〇）が、北方よりも格下の南方探題となった。これは時宗の庶兄北条時輔《ときすけ》以来のことである。

兼時が、北条時村と並んで六波羅探題であったときには、執権探題は時村であったが、弘安十年八月、時村の鎌倉下向に伴い、兼時は北方探題に転じ執権探題となった。そして翌正応元年（一二八八）二月には、北条（佐介《さすけ》）盛房《もりふさ》が鎌倉から上洛し、南方探題に就任する。盛房は四十七歳の壮年で、元は幕府評定衆であった。

平頼綱の朝政介入

六波羅探題北条兼時の時代、大覚寺統《だいかくじとう》から持明院統《じみょういんとう》への治世の交替や新将軍の擁立など、政治的に大きな変動があった。これらの政策を実行したのは、霜月騒動で勝者となった内管領《うちかんれい》平頼綱である。六波羅探題兼時は得宗庶流の出身であったから、兼時の許にも、平・長崎氏《ながさきし》ら頼綱の一族が探題被官として仕えており、かれらは頼綱の権勢を恃《たの》み京都で勢力を振るった。

まず弘安十年十月、幕府の使者佐々木宗綱《ささきむねつな》が上洛し、関東申次西園寺実兼を通じて治世の交替を申し入れた。大覚寺統の後宇多天皇が退位し、持明院統の伏見《ふしみ》天皇が践祚《せんそ》する。これにより、亀山院政が止められ、後深草院政が始まった。亀山は、霜月騒動で討たれた安達泰盛と良好な関係にあったから、平頼綱が亀山を嫌い、後深草に朝廷の政務を委ねたのである。さらに正応二年四月には伏見天皇の皇子胤仁《たねひと》（後伏見《ごふしみ》天皇）が皇太子となり、絶望した亀山上皇は同年九月、禅林寺《ぜんりんじ》で出家する。翌三年三月には、浅原為頼《あさはらためより》による伏見天皇暗殺未遂事件も起こっている。

図6　亀山法皇　南禅院所蔵

そして正応二年十月には、惟康親王《これやすしんのう》に替えて、後深草の子久明《ひさあきら》親王が新将軍として鎌倉に迎えられた。その迎えのため、鎌倉からは佐々木宗綱・長井宗秀・飯沼助宗《いいぬますけむね》の三名が上洛したが、助宗は頼綱の子息である。平頼綱によって将軍の更迭が行われ、後深草の皇子を新将軍に擁立したことが窺えるのである。なお長井宗秀は霜月騒動で一時失脚したが、このころには復権していた。

安達泰盛の誅殺後、若年の執権北条貞時を擁し実権を握った内管領平頼綱は、「諸人恐懼《きょうく》の外、他事なく候」（『実躬卿記《さねみきょうき》』永仁元年〈一二九三〉四月二十六日条）といわれた恐怖政治を行ったとされる。鎌倉政界では得宗被官《とくそうひかん》の勢力が拡大していくのであるが、京都でも頼綱勢力による朝廷政治への介入がなされた。その様相は『実躬卿記』や『勘仲記』などから断片的に知られ、頼綱と親密な関係にあった善空《ぜんくう》（禅空）という律《りっ》僧が政治介入の中心人物となった（森幸夫　一九九四）。

善空は、弘安十年・正応元年ころより、朝廷の「訴訟・官位等の事口入《くにゅう》」し、また都の貴賤から二百ヵ所にも及ぶ所領《しょりょう》を集積した。そのなかには亀山上皇領も含まれていたという。民部卿六条《ろくじょう》康能《やすよし》や伯二《はくに》位《い》資緒《すけお》王《おう》らも善空と結託して政務に容喙《ようかい》した（『実躬卿記』正応四年五月二十九日・六月一日条、『勘仲記』正応元年十月四日条）。善空は、後深草上皇が頼綱の力により治天《ちてん》の君《きみ》の座を得たという政治事情を背景に、朝政への介入を行ったと考えられる。六波羅探題北条兼時の被官長崎新左衛門入道性杲《しょうこう》と平七郎左衛門尉も、善空に与していた。この二人は頼綱の一族である。要するに、平頼綱は、六波羅探題北方北条時村が退任し、北条兼時が北方探題に転任して執権探題となったのち、善空と長崎・平らを介して、持明院統治世下朝廷の「訴訟・官位等の事」にまで介入するようになったのである。しかし正応三年二月に、後深草上皇が出家して伏見天皇の親政が開始されると、伏見にとって善空の排除が必須となり、翌四年五月、伏見は側近の京極為兼《きょうごくためかね》を鎌倉に派遣して執権北条貞時に訴え、排除を断行することとなる（『実躬卿記』）。これにより京都での善空一派の力は弱まり、永仁元年四月の貞時による頼綱誅滅（平禅門《へいぜんもん》の乱《らん》）とともに、善空は完全に没落する。

　このように北条兼時の北方探題期には、内管領平頼綱の勢力が京都政界にも大きな影響を与えていた。六波羅探題兼時本人による直接的な朝廷政治への介入は見当たらないものの、兼時被官の長崎性杲・平七郎左衛門尉の関与は明らかであった。兼時が探題職を退くのは、頼綱が討伐される三ヵ月程前のことである。兼時は鎌倉帰還後程なく、鎮西探題《ちんぜいたんだい》として九州に赴任するのであるが、兼時の六波羅探題離任が、京都における頼綱勢力の後退を決定的にしたことは疑いないであろう。六波羅探題北条兼時期は、京都でも平・長崎氏が勢力を振るった、「諸人恐懼」の時代であったのである。

悪党への対処

十三世紀後半の文永・弘安ころから、六波羅探題管轄下の畿内《きない》近国では「悪党《あくとう》」と呼ばれる、追捕《ついぶ》対象となる存在が多くみられるようになる。彼らは荘園の年貢を押領《おうりよう》したり、荘園内で狼藉事件を起こしたりした。やがて反抗の拠点として「城郭《じようかく》」を構え、荘園を実力占拠するようにもなる。悪党には元の荘官《しようかん》や山僧《さんそう》と呼ばれた延暦寺の僧、そして御家人などさまざまな身分の者がみられた。十四世紀になると、悪党の活動は大規模なものとなり、津泊《つどまり》など富の集まる場所を襲うようにもなる。

かつて悪党は、鎌倉幕府などの権力と戦う変革主体と位置付けられていた。これは鎌倉幕府打倒において多大な役割を果たした楠木正成《くすのきまさしげ》が「悪党楠木兵衛尉」として正慶元年（一三三二）六月の文書（天龍寺文書）にみえており、『太平記《たいへいき》』などから知られる正成のゲリラ的な戦いぶりと相俟って、悪党を時代の変革主体と見做したことなどが大きな要因となったと思われる。しかし近年では、楠木正成は得宗被官であったとみる説（筧雅博二〇〇一）が定着しつつある。また悪党と呼ばれた人びとの実態が多様であったことも明らかになっている。

楠木正成が天龍寺文書で「悪党」とされたのは、臨川寺《りんせんじ》領の和泉《いずみ》国若松《わかまつ》荘を「押妨《おうぼう》」していたからである。鎌倉時代後期以降、荘園の秩序を乱し、また外部から荘園を侵略する存在を「悪党」と呼んで、荘園領主は六波羅探題にその鎮圧を求めるようになっていた。悪党とは、荘園領主が、荘園支配の秩序回復を目指し、幕府・六波羅の武力を引き込むために使用した、訴訟上の用語とみる考えが近年では主流となっている（山田徹二〇一七）。

探題北条時村期の弘安五年、東大寺《とうだいじ》衆徒が伊賀《いが》国黒田荘《くろだのしょう》の悪党大江清定・康直らの召し取りを六波羅探題に訴えている。清定らは「山賊・夜討《ようち》・強盗・放火・殺人」などを犯し、本所《ほんじょ》（荘園領主）に敵対して交通路を遮断し城郭を構えたという。黒田庄は地頭《じとう》の存在しない、本所一円地であり、幕府・六波羅がその荘域内に入部して、検断《けんだん》という警察活動を行う理由はなかった。本所一円地は、幕府の管轄外であったのである。しかし東大寺衆徒の訴訟受理を促す亀山上皇の院宣が、関東申次西園寺実兼を通じて執権探題北条時村にもたらされたため、六波羅は黒田荘の悪党を追捕したのである（東大寺文書）。史料は残されていないが、この追捕には伊賀守護（守護代《しゅごだい》）や伊賀周辺に拠点を有する在京人があたったものと考えられる。

こののち伏見天皇の親政期（一二九〇〜九八）になると、本所一円地の悪党検断は、本所が朝廷に悪党を告訴すると、違勅綸旨《いちょくりんじ》（違勅院宣《いんぜん》）が関東申次を通じて六波羅探題に発せられ、これを受けた六波羅が在京人らの両使《りょうし》（使節）に対し悪党召し取りを命じるというシステムが成立するようになる（近藤成一　二〇一六）。このシステムは、六波羅探題でいえば、北条兼時期（一二八四〜九三）に成立した可能性が高いとみられる。内管領平頼綱の時代である。幕府は、蒙古襲来を契機に本所一円地住人の動員権を獲得していたから、この本所一円地での悪党検断システムも、畿内近国への幕府権力の浸透とみることも可能ではある。しかし、悪党の活動は次第に大規模化し、国境を越えて蜂起することもあった。鎌倉末期になると、鎮圧にあたるべき守護や在京人たちも悪党に恐れをなすなど、忌避する行動も目立ってくる。悪党の蜂起が、六波羅探題の任務を困難なものとしていったことは疑いない。

久時の探題就任

永仁元年四月四日、新たな六波羅探題北方として北条（赤橋）久時《ひさとき》が入京した（『実躬卿記』）。二十二歳である。南方探題には引き続き北条盛房が在任していた。

久時は北条義宗の子で、長時《ながとき》の孫である。得宗家に次ぐ家格《かかく》の極楽寺流北条氏の嫡流であったが、上洛以前に幕府内で要職に就いていた形跡はない。しかし、久時の上洛から二十日も経ない四月二十二日に、鎌倉で平頼綱が誅伐されること、さらに久時が、頼綱との関係が深かったとみられる北方探題北条兼時の後任であったことには注目せねばなるまい。極楽寺流北条氏の嫡流を赤橋家と呼ぶが、赤橋家は重時以来、長時・義宗が北方探題を務めた。重時が執権北条泰時・経時《つねとき》を、長時が執権北条時頼を、義宗が執権北条時宗を、それぞれ北方探題として京都から支えていたのである。得宗家の政権を赤橋家が六波羅探題として補佐するという政治の形が現れていた。泰時や時頼の時代を理想とするならば、そのような執権と六波羅探題との関係は、鎌倉幕府北条政権のあるべき政治形態と見做されたと思われる。先に善空の一件でみたように、正応四年ころには、平頼綱の権勢にも陰りがみえていたから、久時の北方探題任命は、北条氏による支配体制を泰時以来のあるべき形に戻そうとした、当時の執権北条貞時の意思に基づくものと考えられるであろう。そして貞時によって頼綱が討伐され、名実ともに、幕府の鎌倉・京都支配のあるべき形が取り戻されたのである。

図７　北条貞時　佛日庵所蔵

久時の時代

得宗家と水魚の関係にあった赤橋家当主として、六波羅探題北方となった北条久時であったが、永仁五年六月までの久時の探題在任時代、六波羅探題は西国成敗（裁判）の判決権を有していなかった。

六波羅探題における裁判は通常、南北両探題が連署する六波羅下知状《ろくはらげちじょう》（裁許下知状《さいきょげちじょう》）によって判決が示されたが、探題久時・盛房期にはこの下知状が一通も見出せない。久時期には六波羅所管の訴訟は京都六波羅で訴状《そじょう》・陳状《ちんじょう》による審議がなされたものの、それらの審議内容は鎌倉の幕府に注進され、判決は鎌倉で下されたのである（稲葉伸道 一九九〇）。平頼綱を滅ぼした執権北条貞時は、永仁元年十月、引付を廃止して北条時村・名越公時ら七人の執奏を置き、裁判権の掌握をはかっていた。六波羅探題の裁判権縮小も貞時の権力集中と関わるものと考えられている。

久時期の六波羅は、西国成敗の制限のみではなく、寺社紛争解決においても幕府が全面的にリードする場面が多いように思われる。久時期には「永仁の南都《なんと》闘乱」と呼ばれる、興福寺の門跡《もんぜき》一乗院《いちじょういん》と大乗院《だいじょういん》との抗争が繰り広げられた（安田次郎 二〇〇一）。

永仁元年十一月、春日若宮の祭礼において、一乗院覚昭僧正《かくしょうそうじょう》と弟子の信助禅師《しんじょぜんじ》配下の武者《むしゃ》たちが合戦し、信助には大乗院慈信僧正が加勢して死者が出る大規模な闘乱が生じた。この抗争の次第を六波羅探題は鎌倉に注進し、十二月近国御家人をもって興福寺を警固する事態となった。翌二年二月になると、紛争解決のため東使《とうし》長井宗秀と二階堂行藤《にかいどうゆきふじ》が上洛する。ともに吏僚系の有力御家人である。八月、六波羅で一乗院方と大乗院方との問注《もんちゅう》が行われ、この審議内容は鎌倉に報告されて、九月、一乗院覚昭が勅勘に処せられて流罪と決する。しかしこの処分を不満とする一乗院の門徒が、春日神木《かすがしんぼく》を泉木津《いずみきづ》まで動座させる事態となってしまう。翌永仁三年二月、有力得宗被官の安東重綱《あんどうしげつな》が上洛して情勢を把握し、鎌倉の北条貞時政権は、三月覚昭《かくしょう》を宥免《ゆうめん》し、九条家《くじょうけ》の覚意を一乗院に入室させることで解決をはかった。これによって春日神木は帰座することとなる（『興福寺略年代記《こうふくじりやくねんだいき》』『永仁三年記《えいにんさんねんき》』ほか）。

これが永仁の南都闘乱の概要であるが、こののちしばらく一乗院・大乗院の対立は継続し、永仁五年六月には一乗院領に地頭が設置される事態となる（十月に地頭は停止される）。

さてこの南都闘乱は、興福寺の内部紛争といえるものであったが、摂関家《せつかんけ》の子弟が入室した一乗院と大乗院とは、配下に衆徒《しゅと》・国民《こくみん》と呼ばれる武士を有した二大門跡であり、その抗争は大和国《やまと》やその周辺に動乱をもたらした。幕府が事態を重視して、特使たる東使や有力な得宗被官を上洛させたのも当然である。六波羅探題も興福寺警固や一乗院・大乗院の問注を行った。しかしこの騒動での六波羅の影は薄い。警固はともかく、問注は東使の長井・二階堂両名が六波羅探題府に出向いて行われたものと考えられる。長井宗秀と二階堂行藤の鎌倉帰還は永仁三年五月であり、彼らは紛争解決のため一年以上にわたり在京していたのである。宗秀は子息貞秀《さだひで》を、行藤も子息時藤《ときふじ》を伴い上洛していた（『実躬卿記』）から、東使の長期滞在は当初から予定されていたものであったとみられる。幕府は東使に強い権限を与え、六波羅探題をサポートさせたのである。

北条久時期の六波羅探題は、上位権力たる鎌倉の幕府が六波羅の機能を代替する様相がみられ、六波羅の権能が制約されていたと考えられる。これは平頼綱討伐後の北条貞時による権力集中に由来するものとみられるが、そもそも久時の北方探題就任は、得宗家と赤橋家との良き先例に基づくものであったから、久時の経験不足からくる政治的能力などにも問題があったのかもしれない。赤橋家の六波羅探題就任は十七年振りであり、かつてのように探題の職務を補佐できる被官たちもあまり存在しなかったのであろう。

永仁五年六月、久時は六波羅探題を離任する。南方探題盛房も前月に離任していた。

探題を支えた在京人たち

六波羅探題の配下には、鎌倉から探題とともに上洛した探題家人《けにん》の他に、在京人たちがいた。在京人は、幕府の命令により在京し、六波羅探題府に出仕した御家人《ごけにん》である。西国《さいごく》に所領《しょりょう》を獲得した、いわゆる西遷《せいせん》御家人がその中核となった。在京人体制は、極楽寺《ごくらくじ》流《りゅう》北条氏の六波羅探題時代（一二四〇～五〇年代）に成立したと考えられるが、在京人は、主に洛中警固《らくちゅうけいご》を担った一般在京人と、六波羅評定衆《ろくはらひょうじょうしゅう》・奉行人《ぶぎょうにん》らの官僚（吏僚）とに二分することが可能である。また、東国《とうごく》出身御家人に比べて地位の低かった畿内《きない》御家人には、歴代の探題に仕えた者がいて、悪党《あくとう》鎮圧などで重要な役割を果たしていた。

洛中警固を担った在京人

在京人の構成

永暦元年（一一六〇）後白河上皇が勧請《かんじょう》した京都東山《ひがしやま》の新日吉神社《いまひえじんじゃ》では、小五月会《こさつきえ》と呼ばれる祭礼が行われ、流鏑馬《やぶさめ》や競馬《くらべうま》などが挙行された。祭礼には治天《ちてん》の君《きみ》たる院がしばしば臨幸し、承久《じょうきゅう》の乱《らん》以前には、院に仕える北面・西面の武士らが流鏑馬に従事した。承久の乱後になると、六波羅探題や在京人たちが流鏑馬役を勤仕《ごんし》している。この新日吉小五月会の流鏑馬所役《しょやく》を勤めた在京武士の名簿が公家《くげ》日記に記されることがあり、ここではその一例として『勘仲記《かんちゅうき》』弘安四年（一二八一）五月九日条をみてみたい。

一番　（北条）陸奥守時村《むつのかみときむら》

二番　長井因幡守頼重《ながいいなばのかみよりしげ》
三番　畠山《はたけやま》上野左衛門
四番　中沼淡路《あわじ》四郎左衛門（長沼宗泰《ながぬまむねやす》）
五番　小早川美作《こばやかわみまさか》三郎（雅平《まさひら》）
六番　伊賀《いが》孫太郎兵衛
七番　（北条）陸奥左近大夫将監時国《しょうげんときくに》

流鏑馬が七番編成であったことがわかるが、一番は当時の北方探題北条時村、七番が南方探題の北条時国である。残りの二〜六番が在京人の所役である。二番の長井頼重は六波羅評定衆《ひょうじょうしゅう》。長井氏は大江広元《おおえのひろもと》の子孫である。なお頼重が、弘安五年、興福寺《こうふくじ》の訴えにより遠流《おんる》に処されたことは先にみた。三番の畠山上野左衛門は実名不明《じつめい》だが、足利《あしかが》一門の有力御家人。畠山氏は正応四年（一二九一）にも、流鏑馬役を勤仕している（『実躬卿《さねみきょう》記《き》』）。四番長沼宗泰は、下野《しもつけ》の豪族小山氏《おやまし》の一族で淡路守護であった。六波羅評定衆にも任じていたとみられる。五番小早川雅平は、相模《さがみ》の土肥実平《どひさねひら》の子孫で、安芸《あき》に西遷した御家人である。六番伊賀孫太郎兵衛は、評定衆にも任じた吏僚系御家人伊賀氏である。伊賀氏は探題時村の父北条政村《まさむら》の母（伊賀朝光《ともみつ》の女伊賀局《いがのつぼね》）方の一族でもあった。

このように、在京人は、東国出身の御家人や吏僚系の御家人を中心に構成されていたのである。長井・長沼・小早川氏らの有力者は、南北両探題とともに新日吉小五月会の流鏑馬役を勤めたのである。

鎌倉末期の在京人についても概観しておきたい。表2は『公衡公記《きんひらこうき》』正和三年（一三一

表2　正和3年（1314）の在京人

	人　名	備考
①	波多野出雲前司重通	
②	筑前前司（二階堂行兼ヵ）	
③	富樫介入道（家春）	
④	式部伊賀前司（伊賀頼泰）	
⑤	太田左衛門尉	常陸房昌明流
⑥	小串五郎左衛門尉	
⑦	佐々木越中権守（泰氏）	佐々木高島流
⑧	佐々木亀夜叉丸（時信ヵ）	
⑨	加地宝丸（時秀ヵ）	佐々木加地流
⑩	波多野出雲彦次郎（通貞）	
⑪	水谷刑部大輔入道（清有）	
⑫	阿曽沼四郎次郎	
⑬	常陸前司（小田時知）	
⑭	千秋上野前司（範宗ヵ）	
⑮	海東備前前司（忠景ヵ）	
⑯	長二郎	
⑰	俣野入道（寂一ヵ）	
⑱	備後前司（町野貞康）	
⑲	江石見太郎（大江氏）	大江能行流
⑳	大見肥後新左衛門尉	
㉑	信濃四郎左衛門尉	
㉒	丹後左衛門大夫（長井氏ヵ）	
㉓	小早河美作彦太郎左衛門尉	
㉔	大内民部三郎	
㉕	周防四郎	
㉖	近江権守	
㉗	上野入道（淵名季宣ヵ）	中原季時流

＊『公衡公記』正和３年10月８日条による．

四）十月八日条の記載を基に作成した在京人の一覧である。①⑩波多野《はたの》・⑥小串《おぐし》・⑦⑧⑨佐々木・⑫阿曽沼《あそぬま》・⑬小田・⑰俣野・⑳大見《おおみ》・㉓小早川・㉗淵名《ふちな》氏らのような、頼朝《よりとも》期以来の有力御家人や東国出身御家人、②二階堂・④伊賀・⑪水谷・⑭千秋《せんしゅう》・⑮海東《かいとう》・⑱町野・㉒長井氏らの吏僚系御家人が中核を占めていることが改めて確認される。ただし、加賀《かが》の③富樫《とがし》氏や周防《すおう》の㉔大内氏《おおうちし》が名を連ねていることが注意される。彼らは西国の在庁《ざいちょう》系の有力武士で、その御家人化は東国武士のように早くはなかったが、六波羅探題配下の在京人として組織されていったのである。

小早川氏の活動

ここでは一般在京人の代表格たる小早川氏の活動をみてみよう（石井進　一九七四、高橋昌明　二〇一五）。

小早川氏は、鎌倉幕府創業の功臣土肥実平の子孫である。実平は治承《じしょう》・寿永《じゅえい》の内乱《ないらん》期に源頼朝の腹心として活躍し、備前《びぜん》・備中《びっちゅう》・備後《びんご》・安芸などの守護（惣追捕使《そうついぶし》）に任じられ、その子遠平《とおひら》も安芸国沼田荘《ぬたのしょう》を拝領している。しかし建保元年（一二一三）遠平の子惟平《これひら》が、和田合戦《わだかっせん》で和田義盛《よしもり》に与して土肥氏は没落してしまう。このような本拠相模における土肥氏の弱体化も影響して、分家の小早川氏は西国を中心に活動することとなる。

小早川茂平は承久の乱での勲功により、安芸国都宇《つう》・竹原荘《たけはらのしょう》地頭職《じとうしき》を獲得する。茂平は沼田荘の本荘《ほんしょう》も領有しており、西国に広大な所領を得たのである。幕府は茂平を在京人に指名し、茂平は六波羅探題に出仕することとなった。宝治元年（一二四七）以前から茂平が在京していたことが確かめられるが、建長五年（一二五三）十二月、後嵯峨《ごさが》上皇が臨幸した法勝寺《ほっしょうじ》阿弥陀堂《あみだどう》の供養に際し、波多野義重《よししげ》とともに寺の北門を守護していることが知られる（『経俊卿記《つねとしきょうき》』）。これは在京人としての所役である。

茂平の子雅平と政景《まさかげ》も、父の跡を継承し在京人となる。その相続所領にちなみ、雅平は沼田小早川、政景は竹原小早川と呼ばれる。雅平が嫡流ではあるが、弟の政景も文永元年（一二六四）四月に幕府から在京奉公《ほうこう》を命じられていた（小早川家文書）。沼田小早川雅平が弘安四年に新日吉神社小五月会の流鏑馬役を勤めたことは先にみたが、竹原小早川政景も宝治元年五月に父茂平が流鏑馬役を勤仕したとき、その射手《いて》となった（『葉黄記《ようこうき》』）。鎌倉期を通じ、沼田・竹原の

図8　土肥・小早川氏略系図

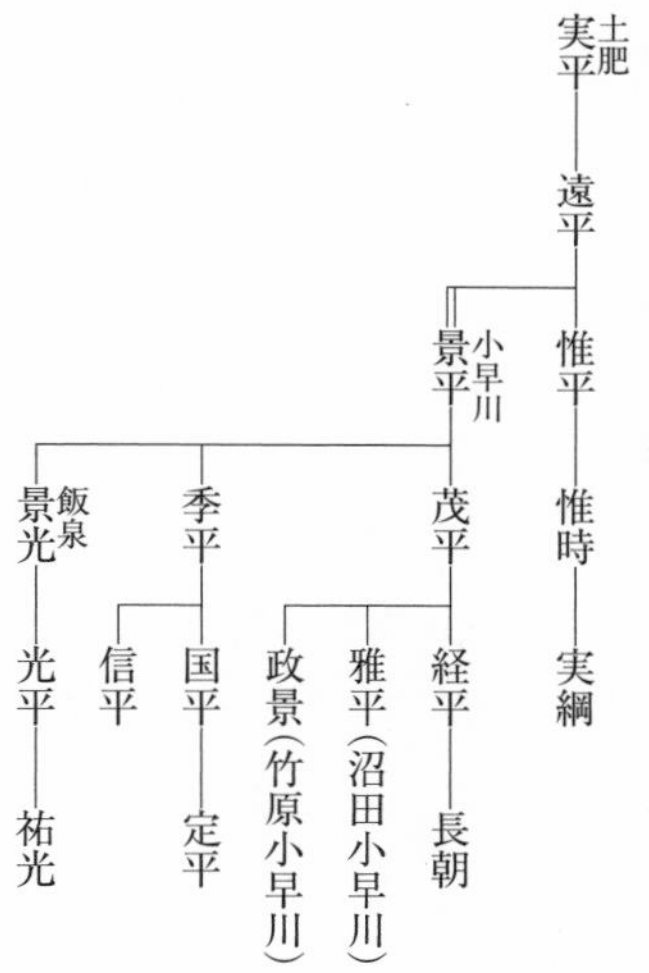

両小早川氏は在京人として活動することとなる。

　在京人とは洛中警固の武士なり。
　篝《かがり》屋《や》とは在京人役所なり。

と鎌倉末期成立の『沙汰未練書《さたみれんしょ》』にみえるように、一般の在京人の本務は、京中の大路が交差する地点に置かれた篝屋を警固拠点として、京中の治安維持《ちあんいじ》にあたることにあった。『小早川家文書』によると、小早川氏は七条大宮と八条大宮の篝屋を拠点として都の警固を行ったとみられる。篝屋武士は通常、盗賊や狼藉人などを取り締まった。さらに、僧兵《そうへい》の強訴《ごうそ》入京や反乱鎮圧などに際して軍事動員されることも少なくなかった。

小早川氏は京都に屋敷を持っていたと考えられるが、どこにあったかはわからない。弘安初年ころ、一族とみられる小早川左衛門三郎の「女房《にょうぼう》」が綾小路《あやのこうじ》東洞院《ひがしのとういん》に屋地土蔵《どぞう》を有していたことが知られる（祇園社記）が、沼田小早川雅平や、竹原小早川政景との関係は不明である。ちなみに南北朝期以降になると、沼田小早川氏が四条油小路《あぶらのこうじ》に、竹原小早川氏が四条堀川《ほりかわ》に屋敷を持っていたことが明らかとなる（小早川家文書）。

小早川氏は在京人の重要な職務である六波羅使節（両使《りょうし》）としても派遣されている。建治元年（一二七五）に沼田小早川雅平が、永仁六年（一二九八）に雅平・政景の兄弟小早川忠茂が本拠安芸国で使節を勤めている。紛争地の実検などにあたったのである（外岡慎一郎 二〇一五）。

このように、相模土肥氏の一族であった小早川氏は、西国の安芸に本拠を移し在京人として活躍したのである。沼田・竹原の二流を核に、鎌倉期を通じて在京活動を行うのである。ただし、竹原小早川氏は永仁五年に幕府により竹原荘を没収され、また沼田小早川氏も正慶二年（元弘三年・一三三三）の六波羅探題滅亡に際し、近江番場《おうみばんば》まで探題と行動をともにして、一時没落するなどの苦難に遭遇することとなる。

摂津の伊丹氏

六波羅探題の膝元畿内の御家人は、東国御家人と比べて地位が低く、幕府から地頭職に補任《ぶにん》されることは稀であった。彼らは通常、下司職《げししき》などの役職を荘園領主から与えられていたにすぎない。御家人としては脆弱な存在であり、畿内や西国に大きな所領を獲得した、東国出身の西遷御家人とは大きな隔たりがあった。畿内御家人ながら、在京人に指名されたのは、源氏《げんじ》一族の摂津《せっつ》の能勢《のせ》氏や遠藤《えんどう》氏などごくわずかにすぎなかった。しかし、六波羅探題が西国支配を進めていくなかで、探題の被官《ひかん》として重用される畿内御家人が現れてくる。彼らは在京人よりも地位が低かったものの、歴代の探題に代々仕えた。探題が離任しても一緒に鎌倉に下ることなく、再び新探題に仕えたのである。在京・在国を基本とした、やや特殊な探題被官であったといえる。摂津の伊《い》丹《たみ》氏《し》や真上氏《まかみし》はその代表的存在である。

摂津は六波羅探題北方が兼務した守護国であり、伊丹氏らは守護職を介して探題被官化したとみられる。弘安年間（一二七八～八八）までには、両氏は北方探題（当時は北条時村）の被官となったと考えられる。

伊丹氏は摂津国西部の橘御園《たちばなのみその》伊丹を名字《みようじ》の地《ち》とする、平安末期以来の武士である。伊丹親資《ちかすけ》は北方探題の被官となり、延慶二年（一三〇九）には摂津垂水荘《たるみのしよう》での乱入事件につき、野部介光長《のべのすけみつなが》とともに六波羅使節を勤めたことが知られる（東寺百合文書《とうじひやくごうもんじよ》ノ）。親資の子親盛も使節として散見し、元徳元年（一三二九）と翌二年には、六波羅奉行人一族の斎藤基伝《さいとうもとすけ》とともに、摂津長洲荘《ながすのしよう》に乱入した尼崎《あまがさき》住人教念《きようねん》ら悪党の捕縛のため六波羅両使を勤めている。六波羅探題から、摂津や河内《かわち》の地頭御家人を動員して悪党を捕えるよう指示されており、鎌倉最末期になると伊丹氏は、探題被官ながら守護代《しゆごだい》と同等な権限を与えられたことがわかる（宝珠院文書《ほうしゆいんもんじよ》）。また摂津北部に本拠を持つ真上氏も、伊丹氏と同様な地位・役割を果たしていたことが知られている。

伊丹・真上氏は畿内御家人ながら、在京・在国する探題被官として、鎌倉末期には要国摂津国の支配秩序維持のため重要な役割を果たした。彼らは元来、御家人としての地位は低かったものの、六波羅探題による支配・統治の組織に入り込み、その手足となることによって、勢力の上昇を果たしたのである。伊丹・真上氏のような、六波羅探題に仕えた畿内御家人の存在にも注目すべきである。

六波羅探題の官僚たち

六波羅探題の政務を支えたのが、六波羅評定衆や六波羅引付頭人《ひきつけとうにん》らの高級官僚たちである。六波羅評定衆は文永三年（一二六六）、六波羅引付方は弘安元年（一二七八）が史料上の初見である。ただし評定衆は、探題北条《ほうじょう》重時《しげとき》時代の末ころには成立していたようである。ここでは、幕府問注所執事《もんちゅうじょしつじ》大田《おおた》（太）康有《やすあり》の日記『建治三年記《けんじさんねんき》』（一二七七年）十二月十九日条により、六波羅の高級官僚について概観する。

六波羅の高級官僚

十九日、晴、御寄合、山内殿《やまのうち》。
相大守（北条時宗《ときむね》）・城務（安達泰盛《あだちやすもり》）、（大田）康有、御前に召さる。

奥州（北条時村）申さる六波羅政務の条々。

一、人数の事。

因幡守（長井頼重）　美作守（海東忠茂《ただもち》）
筑後守《ちくごのかみ》（後藤基頼《ごとうもとより》）　下野守（藤原親定《ふじわらちかさだ》）
山城前司《やましろぜんじ》（伊賀光政《みつまさ》）　（北条カ）駿河《するが》二郎
備後民部大夫（町野政康《まさやす》）　出羽《でわ》大夫判官《ほうがん》（中条頼平《ちゅうじょうよりひら》）
小笠原十郎入道　甲斐三郎左衛門尉（狩野為成）
小笠原孫二郎入道　加賀二郎左衛門尉（二階堂行継《ゆきつぐ》）
式部二郎右衛門尉（伊賀頼泰《よりやす》）　出雲二郎左衛門入道（波多野時光《ときみつ》）

（後略）

これは、執権《しっけん》北条時宗の別邸山内殿で寄合が行われ、新たに六波羅探題に任命された北条時村を補佐する「人数」つまり六波羅評定衆のメンバーを決定した記事である。ここからはまず、長井氏が六波羅評定衆筆頭、つまり在京人で最も高い地位にあったことがわかる。長井頼重は新日吉小五月会の流鏑馬役も務めていた。頼重の次位には海東忠茂（大江広元流）がおり、さらに藤原親定（中原親能《なかはらちかよし》流）・伊賀光政・町野政康（三善康信《みよしやすのぶ》流）・二階

図9　北条時宗と一遍　「一遍聖絵」より，清浄光寺（遊行寺）所蔵

堂行継らの官僚の名前がみえ、彼らが六波羅評定衆の中心メンバーで、かつ、高い席次を占めていたことが判明する。これに対し、北条一門と思われる人物は駿河二郎のみで、しかも席次は高くない。駿河二郎はおそらく、北条義時《よしとき》の庶子《しょし》有時《ありとき》を祖とする伊具《いぐ》流《りゅう》北条氏とみられ、北条一門の傍流である。

北条時村が探題に就任するころから、極楽寺流北条氏による六波羅職務の請負解消のため、六波羅探題府の組織強化がなされたことは前に述べたが、それは官僚系有力御家人の六波羅への進出をもたらすこととなったのである。鎌倉では、北条一門が評定衆の多数を占めていたが、六波羅ではごく少数であり、様相がまったく異なっていたのである。

六波羅評定衆となる北条一族が僅少にならざるを得なかったのは、ふたつの理由が考えられる。ひとつは、六波羅評定衆は世襲が一般的であったため、北条一門が京都で独立化することを防ぐためである。伊具流北条氏はさほど勢力を有していなかった。同氏は讃岐《さぬき》守護であったから在京を許されたのだと思われる。もうひとつは、京都とその周辺では寺社強訴が頻発しており、北条一門が寺社との紛争に巻き込まれることを回避するためである。在京人の北条一族が僧兵の入京を阻止し、糾弾《きゅうだん》・処罰される事態が生ずれば、北条氏自身の政治的地位が低下する可能性が考えられるからである。

図10　長井氏略系図

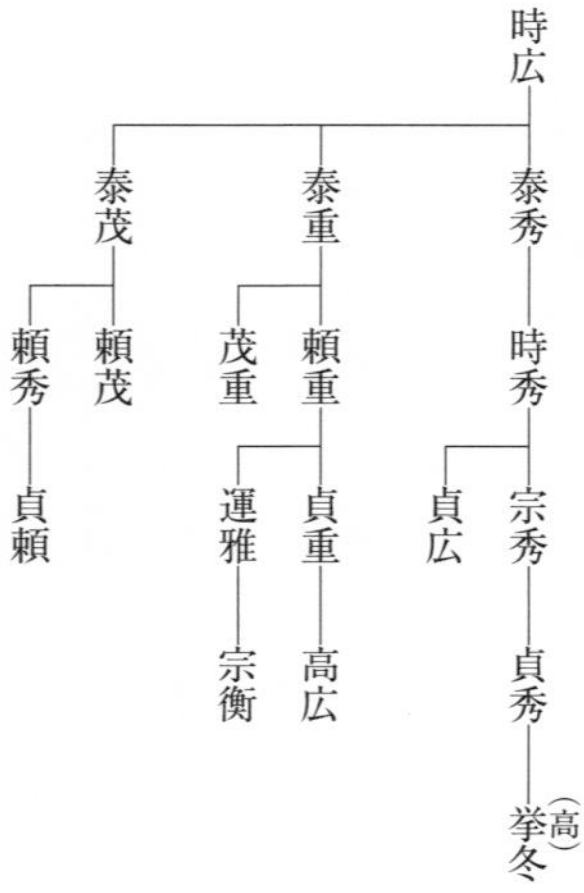

六波羅評定衆長井氏

鎌倉幕府創業の功臣大江広元子孫の長井氏は、出羽国長井《ながいの》荘《しょう》を名字の地とする。広元の嫡子《ちゃくし》であった大江親広《ちかひろ》が、承久の乱で後鳥羽上皇方となり没落したため、弟の長井時《とき》広《ひろ》が嫡流となり、有力官僚として幕府の政治を支えたのである。時広は六波羅探題創設期から在京し、文官として探題北条泰時《やすとき》や北条時房《ときふさ》を補佐した。彼は備後守護でもあった。時広の長子泰秀《やすひで》は貞永元年（一二三二）ころ京都から鎌倉に下向し、次子泰重《やすしげ》は在京を継続して京都で活動する。泰秀の流れが関東評定衆家、泰重の流れが六波羅評定衆家となり、高級官僚として幕府や六波羅探題の政務を支えていくこととなる（森幸夫 二〇一六）。

六波羅評定衆家長井氏は、時広の後、泰重―頼重《よりしげ》―貞重《さだしげ》―高広《たかひろ》と続いていく。名前の「泰」「頼」「貞」「高」の字は、それぞれ、北条泰時・時頼《ときより》・貞時《さだとき》・高時《たかとき》から一字を付与されたものである。北条氏が最も信頼を寄せた高級官僚が長井氏であり、泰重流長井氏は在京人筆頭に位置付けられたのである。新任の六波羅探題北条氏は、鎌倉から上洛を果たすと、しばしば六波羅探題府の近くにあった長井氏の館に入っている。大仏宗宣《おさらぎむねのぶ》や金沢貞顕《かねさわさだあき》は長井貞重の館にしばらく居住した。六波羅評定衆長井氏は引付頭人を兼ね、また公武交渉文書の管理を行っていたから、その居館で新任の探題が暫時の政務を行うことができたのである。

長井貞重の活躍

六波羅評定衆長井氏は、探題北条時村〜北条仲時《なかとき》期に活躍した貞重の時代に最盛期を迎える。貞重は在京人筆頭として六波羅評定衆・一番引付頭人となった。弘安八年の霜月騒動《しもつきそうどう》に連座して一時的に失脚したが、永仁元年（一二九三）四月の平頼綱《たいらのよりつな》滅亡後、復権する。同五年七月、南方探題大仏宗宣が上洛すると、宗宣は長井貞重の六条車大路の宿館に入り、六波羅の政務を開始している（「六波羅守護次第《ろくはらしゅごしだい》」）。正和三年（一三一四）には貞重は、騒乱後の大和《やまと》興福寺領への地頭補任に関する処理のため、鎌倉に下向している。また文保二年（一三一八）二月、関東申次西園寺実兼《かんとうもうしつぎさいおんじさねかね》に、後醍醐《ごだいご》天皇の践祚《せんそ》と邦良親王《くによししんのう》の立皇太子を申し入れた（「継塵記《けいじんき》」）。このような皇位継承に関する使者は通常、鎌倉から派遣された東使の任務であったが、このときには貞重がこれを果たしたのである。六波羅探題府の重鎮としての貞重の地位や役割を窺うに足る出来事である。

また洛中警固は主に一般在京人の任務であったが、長井氏の一族には篝屋を担当した者もいた（泰重の弟泰茂流の頼秀ら）。さらに長井氏は軍事的活動も担っており、貞重は、元応元年（一三一九）四月に延暦寺《えんりゃくじ》が、戒壇《かいだん》を設置した園城寺《おんじょうじ》を攻撃しようとした際、園城寺警固のため小田時知《おだときとも》とともに出動している。また貞重の子高広は、元弘元年（一三三一）八月、後醍醐天皇が逃れたとされる比叡山延暦寺《ひえいざんえんりゃくじ》を、六波羅軍の一員として攻撃している。『光明寺残篇《こうみょうじざんぺん》』によると、攻撃軍のメンバーは、

・東坂下《ひがしさかもと》攻撃軍……佐々木大夫判官（時信《ときのぶ》）・海東備前左近大夫将監・波多野上野《こうずけ》前司（宣通《のぶみち》）

・西坂下《にしさかもと》攻撃軍……長井左近大夫将監（高広）・加賀前司（町野信宗）

・勢多《せた》攻撃軍……常陸《ひたち》前司（小田時知）

であり、長井高広は、西坂下攻撃軍の主力として出陣したことが窺える。鎌倉末期になると、長井氏は軍事を含めた諸方面で活動し、六波羅要人の中心的存在となっていたのである。歴代の探題、特に鎌倉後期以降の探題は、貞重・高広らの長井氏に依存するところが大となっていたとみてよい。

実務を担う奉行人

六波羅探題の奉行人は、裁判における事務手続きや審理、文書の作成・執筆、そして朝廷や関東への使者など、実務活動を主な職務とした。極楽寺流北条氏の探題時代までは、探題被官が奉行人としても活動することが多かったが、弘安元年に六波羅引付方が初見するように、奉行人体制（官僚組織）は探題北条時村期以降に整備され、十三世紀末の探題大仏宗宣期までに、充分に機能するように整えられたと考えられる。永仁四年には、鎌倉の幕府と同様に引付方《ひきつけかた》が五番編成として確認される（東大寺文書）。

六波羅奉行人は下級官僚として機動力に富んでいたこともあり、その役割は次第に重要性を増していった。鎌倉末期になると、斎藤・松田・飯尾《いのお》氏らの有力奉行人は、延暦寺や興福寺など権門寺社の強訴に対し、衆徒《しゅと》らと直接交渉を行い、紛争収拾をはかる使者を勤めるようになる。元弘《げんこう》の乱《らん》のときには、戦地付近に赴き軍事的協力を求めたり、使者として幕府に戦況を報告している。また六波羅奉行人は同じ文官として、長井氏ら六波羅評定衆とは親密な関係にあったことが知られる。

六波羅奉行人の人的構成については、三名以上を輩出した、主要な奉行人家が十一家見出せる。その名字と、初見年および出身地を括弧に記し、以下に列挙すると、

安富《やすとみ》（建長二年・一二五〇、畿内近国カ）　斎藤（建長七年・一二五五、越前《えちぜん》）
宗像《むなかた》（文永元年・一二六四、筑前《ちくぜん》など）　伊地知《いじち》（建治元年・一二七五、越前）
飯尾（建治二年・一二七六、阿波《あわ》）　杉原（弘安五年・一二八二、備後）
雅楽《うた》（弘安六年・一二八三、畿内近国カ）　松田（弘安九年・一二八六、丹後《たんご》）
津戸（正応元年・一二八八、武蔵《むさし》）　関（正応五年・一二九二、畿内近国カ）
雑賀《さいか》（正安元年・一二九九、紀伊《きい》）

となる（森幸夫 二〇〇五）。一見して、六波羅探題の管轄領域の畿内近国出身者が多数を占めていることがわかる。これは鎌倉の幕府や鎮西探題《ちんぜいたんだい》の奉行人メンバーとは異なり、六波羅探題の奉行人は、現地採用を基本として登用されたと考えてよいだろう。

　ちなみに、文永〜弘安ころ（一二六四〜八八）に六波羅奉行人として活動した宗像氏業《うじなり》は、元は筑前宗像大社の大宮司《だいぐうじ》であったが、三浦《みうら》氏との訴訟のため鎌倉に滞在中、宝治合《ほうじかっ》戦《せん》（一二四七年）が勃発し、これに参戦して幕府（北条氏）に直接奉公することとなり、のちに在京して六波羅奉行人となったことが知られる。宗像氏は奉行人となることで、幕府・六波羅の権力者との関係を深め、宗像大社のある筑前地方の所領経営を安定化させることにも成功するのである（森幸夫 二〇一〇b）。弱小な西国御家人にとっては、下級官僚とはいえ、六波羅奉行人となることには大きなメリットが存した。ただし奉行人に登用されるには、文官としての能力が必須であったと考えられる。

六波羅奉行人斎藤氏

斎藤氏は鎮守府《ちんじゅふ》将軍《しょうぐん》藤原利仁《ふじわらのとしひと》の後裔を称し、平安後期以来、越前など北陸地方に栄えた大族である。建長七年（一二五五）に斎藤氏は六波羅奉行人として初見する。鎌倉の幕府や鎮西探題にも奉行人として一族が勤務したが、斎藤氏の活動の中心地は、本拠越前に近い六波羅探題であった。六波羅奉行人として十六名もの在職が確認されるのである（森幸夫 二〇〇五）。

斎藤氏系図のように、奉行人斎藤氏は、A・B・Cの三つの流れに分けることができる。A流の祖基茂《もともち》（法名唯浄）・B流の祖基永《もとなが》（法名観意）兄弟は、二、三十年以上の長きにわたって六波羅奉行人の中核的存在として活躍している。たとえば、基茂が文永・建治ころ（一二六四〜七八）、紀伊阿氐河荘《あてがわのしょう》をめぐる地頭湯浅氏《ゆあさし》と領家寂楽寺《りょうけじゃくらくじ》との相論《そうろん》において奉行を務めたことはよく知られているし、また基永も、文永十一年の宗像大社所領の注《ちゅう》進状《しんじょう》作成や、正応二年（一二八九）在京人小早川政景の所領譲与につき、奉行人として関与したことなどの活動所見がある。

なかでも有名なのが、正応二年十二月の斎藤基茂による、現存最古の『御成敗式目《ごせいばいしきもく》』注釈書、『御成敗式目唯浄裏書《ゆいじょううらがき》』の作成である。その奥書《おくがき》によると基茂は、近来『御成敗式目』を読める人さえ少ないと嘆き、法意《ほうい》や関連する法令を調べ、注釈書を著したのである。奉行人家としての斎藤家故実《こじつ》を確立し、それを一族子弟に継承させようとしたのである。さらに永仁四年二月には再び、本格的な注釈書として『関東御式目』を著した（義江彰夫一九九二）。基茂は、朝廷の儒者《じゅしゃ》左京大夫《さきょうのだいぶ》六角俊国《ろっかくとしくに》や明法博士《みょうぼうはかせ》中原章名《なかはらあきな》らとの交流を活かし、法曹官僚として研鑽を積んでいくなかで、広い視野に立って『御成敗式目』の注釈書を著述したのであった。斎藤一族が、鎌倉期のみならず、南北朝・室町期におよび、幕府奉行人の中心的存在として活躍できたのは、この基茂の努力・研鑽が大きく寄与したとみられる。

基茂・基永らの次世代の斎藤基任《もととう》（基永の子）の活動についても述べておきたい。基任も正安二年（一三〇〇）に奉行人宿老《しゅくろう》が任じた引付開闔《かいこう》となるなど、六波羅奉行人の中核とし

図11　斎藤氏略系図

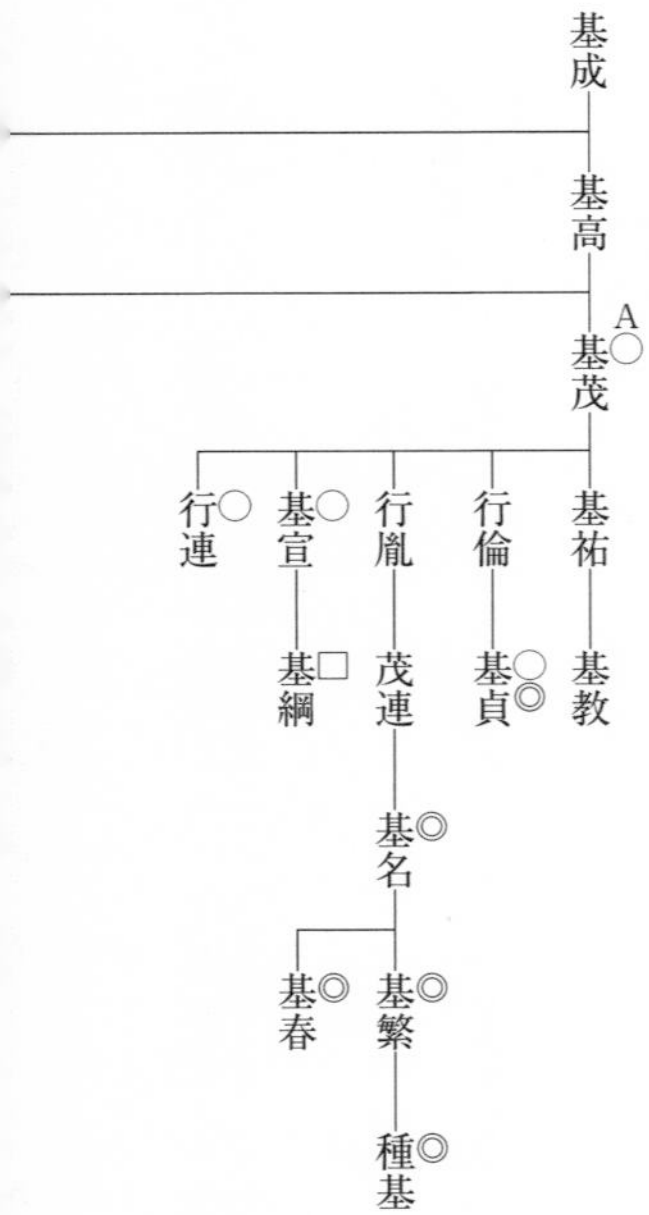

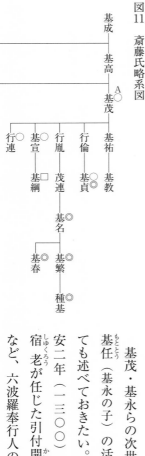

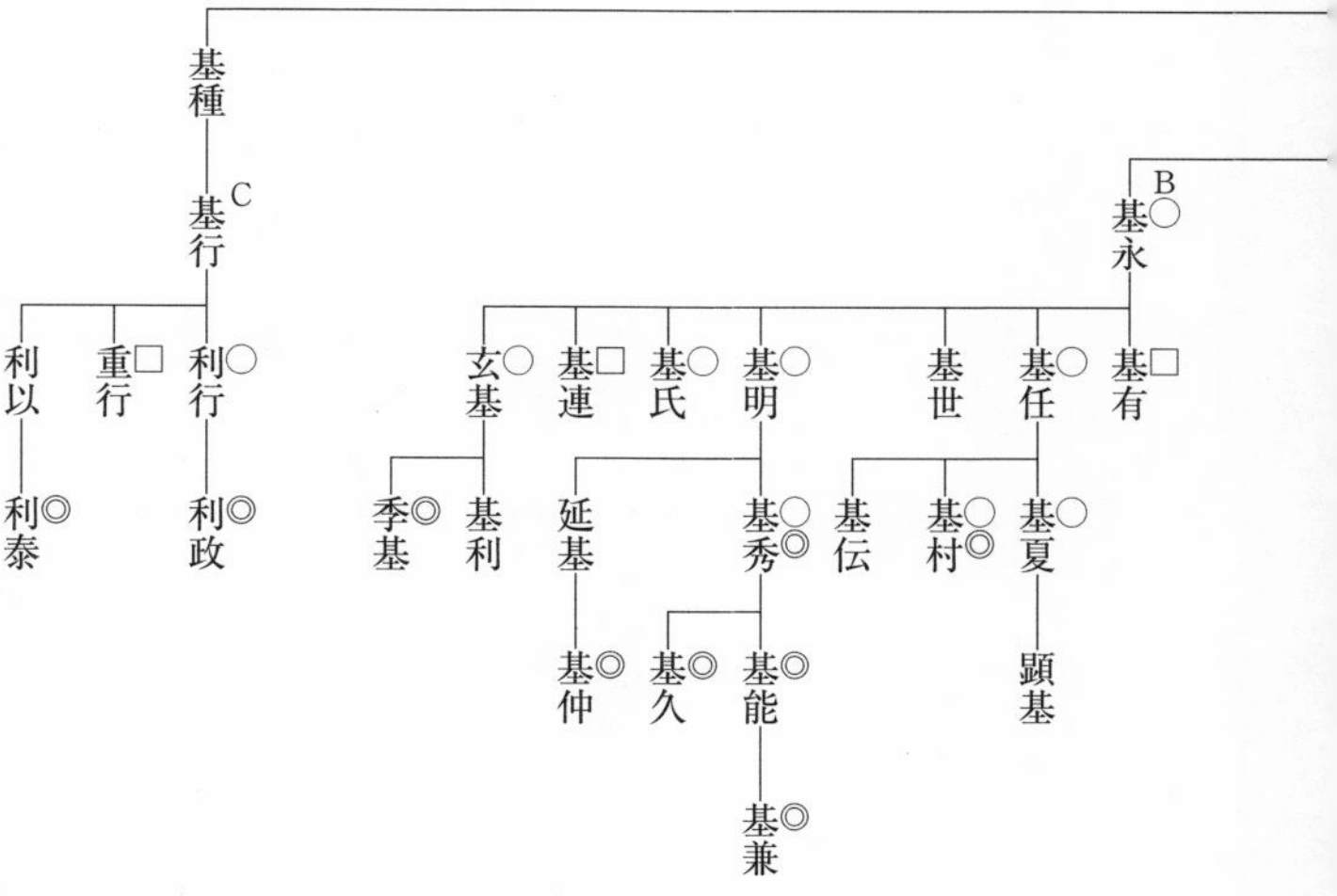

□＝鎌倉幕府奉行人、◯＝六波羅探題奉行人、◎＝室町幕府奉行人。

て活躍している。延慶元年（一三〇八）七月には、同僚の奉行人松田秀頼とともに、大和達磨《だるま》寺《でら》の勧進《かんじん》僧仙海《せんかい》の流罪などを訴え、神木入洛《しんぼくじゆらく》に及んだ興福寺に対し、東使二階堂時綱《ときつな》・矢野倫《とも》綱《つな》がもたらした裁定を一乗《いちじょう》院《いん》・大乗院《だいじょういん》の両院家に伝えるなど交渉を行い、神木の帰座を促した（「徳治三年神木入洛日記」）。このころになると、幕府の特使東使が寺社と交渉するのではなく、六波羅奉行人が紛争収拾のため、直接的な交渉を行うようになっていた。基任はそ

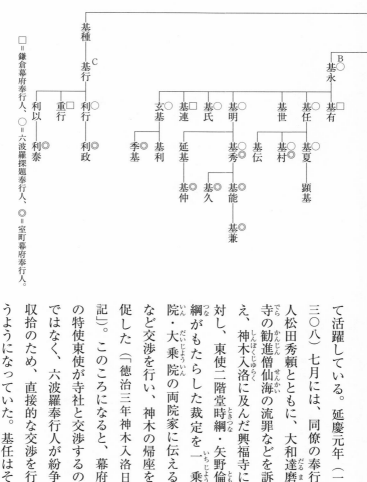

のような役割も果たしたのである。

さて、斎藤基永・基任父子は歌人としても活動した。基永は藤原為氏《ふじわらのためうじ》や為世《ためよ》に師事した二条派《にじょうは》の歌人である。基任も二条派歌人で、頓阿《とんあ》や『徒然草《つれづれぐさ》』の著者兼好法師《けんこうほうし》との交流も知られている。基永・基任父子はともに勅撰歌人となったが、基任の兄弟基有《もとあり》・基《もと》世《よ》・基明《もとあき》もその歌が勅撰集に入集した。基永流斎藤氏には、京都という豊饒な文化的環境のなかで、職務の傍ら作歌活動に熱心な人が多くいたのである。

最後にＣ流の斎藤利行《としゆき》について触れておく。彼は得宗家と親密で、応長元年（一三一一）北条貞時《さだとき》の死去を追悼する歌を詠んでいる。利行は、後醍醐天皇の倒幕運動である正中《しょうちゅう》の変《へん》（一三二四年）を、六波羅探題の使者とは別に幕府に急報したことでもよく知られている人物である。

南方探題主導の時代

永仁五年（一二九七）大仏宗宣《おさらぎむねのぶ》が六波羅探題南方《みなみかた》に任命され上洛する。宗宣の探題就任は永仁《えいにん》の徳政令《とくせいれい》の西国《さいごく》施行《しぎょう》と関係があったとみられるが、宗宣は南方探題として初めてリーダーたる執権《しっけん》探題を務めた。執権探題の任命基準が家格《かかく》主義から能力主義になったのである。宗宣以後、家格的には北方《きたかた》探題に劣る南方探題であるものの、執権探題に任じて六波羅の政務を主導する人物が登場するようになる。金沢貞顕《かねさわさだあき》・大仏維貞《これさだ》らである。彼らが南方執権探題を務めた時代、朝廷では持明院統《じみょういんとう》と大覚寺統《だいかくじとう》の争い、悪党《あくとう》の蜂起などもあり、六波羅探題の職務は困難さを増していったが、有能な官僚たちにも支えられ、その職務を遂行していくのである。

南方執権探題大仏宗宣の登場

宗宣の執権探題就任

永仁五年（一二九七）の半ば、南方探題北条盛房《もりふさ》、北方探題北条久時《ひさとき》が退任し、六月に北方探題に北条宗方《むねかた》が、七月には南方探題に大仏宗宣が就任する。

宗方は北条宗頼《むねより》の子で、六波羅探題や鎮西探題《ちんぜいたんだい》に任じた北条兼時《かねとき》の弟である。宗方は兄と同様、伯（叔）父にあたる北条時宗《ときむね》の猶子《ゆうし》になっていた。当時二十歳。大仏宣時《のぶとき》の嫡子《ちゃくし》である。宗宣は南方探題に就任する以前、弘安十年（一二八七）に評定衆《ひょうじょうしゅう》、永仁四年に四番引付頭人《ひきつけとうにん》・寄合衆《よりあいしゅう》に任じられ、さらに越訴頭人《おっそとうにん》や小侍所別当《こさむらいどころべっとう》などの要職を経歴していた。北条時村《ときむら》以来の、鎌倉での実務経験が豊富な人物の六波羅探題への登用ということになる。年齢も三十九歳の働き盛りで、しかも父大仏宣時は当時幕府で、執権北条貞時《さだとき》と並び、連署《れんしょ》の重職にあった。宗方・宗宣はともに、鎌倉政権を主導していた貞時・宣時の近親者であり、新な六波羅探題の政務運営はこの両名に委ねられたのである。

永仁五年は、六波羅探題の歴史のなかでも画期の年となった。「六波羅守護次第《ろくはらしゅごしだい》」という歴代の六波羅探題の経歴などを記した史料の、大仏宗宣の項目をみると、

永仁五・七・廿七入洛す、長井掃部助《ながいかもんのすけ》貞重宿所六条車大路に着く、同八・三、御物沙汰《おんものさた》これを始む、承久《じょうきゅう》以後、南殿として執権是始(初)めなり。

とあり、宗宣は上洛すると、長井貞重の六条車大路の宿所に入り、「御物沙汰」を開始する。そして彼が、六波羅探題が置かれた「承久以後」（承久三年〈一二二一〉）、「南殿」すなわち南方探題として、初めて「執権」となったと記しているのである。「執権」とは、これまでに述べてきたように、両六波羅探題のうちのリーダーで、公武交渉などを主導した存在である。永仁五年の大仏宗宣の六波羅探題就任により、新たに南方執権探題が誕生したのである。宗方・宗宣の探題在職期には、六波羅探題宛の関東申次施行状《かんとうもうしつぎしぎょうじょう》も、南方執権探題である大仏宗宣宛に出されることとなる。

南方執権探題出現の背景

北条宗方は得宗家庶流の出身、大仏宗宣は北条時房《ときふさ》の子孫大仏流北条氏の出身である。宗方の方が家格が高かったため、宗方が北方探題、宗宣が南方探題となったのである。だが、執権探題には初めて南方探題の大仏宗宣が就いた。宗宣が執権探題となったのは、当然、彼の実務能力を六波羅の任務に生かすためであったと考えられる。宗宣が執権探題として、まず対応しなければならなかったのは、いわゆる「永仁の徳政令」の西国施行についてであったとみられる。

永仁の徳政令は、①越訴（再審）の停止、②御家人所領《ごけにんしょりょう》の質入れ・売買禁止と、質流れ・売却地の無償取戻し、③金銭貸借に関する訴訟の不受理などを内容とする法令である（追加法六六一〜六六四条）。永仁五年三月六日に鎌倉で制定された。しかしこの法令が鎌倉の幕府から六波羅探題宛に発せられるのは、四ヵ月以上を経過した七月二十二日のことであった。この間に京都では、六波羅探題北条久時・北条盛房が更迭され、北条宗方・大仏宗宣が新たに探題に任命されていた。永仁の徳政令の発令と六波羅探題の交替が連動していることは疑いない。

永仁の徳政令は、御家人救済のために発せられたのであるが、御家人以外の者に大きな損害を与えることは明らかである。徳政令を西国に施行するに際し、探題の交替がなされたのである。大仏宗宣は、永仁の徳政令の西国施行により予想される混乱に対処するため、南方執権探題に任命されたと考えられる。その実務能力を買われ、六波羅探題のリーダーシップを任されたのである。また北方探題北条宗方も、後年「随分、賢者の聞えあり」（『実躬卿記《さねみきようき》』嘉元三年〈一三〇五〉五月八日条）とされた人物であって、有能な存在であったとみられる。

宗宣の活動

大仏宗宣は乾元元年（一三〇二）正月まで南方探題として在職する。前年九月に父宣時が北条貞時に従って出家したため、乾元元年正月に鎌倉に帰還することとなるのである。北方探題北条宗方は正安二年（一三〇〇）十一月まで在職し、翌三年六月には、北条基時《もとときき》が新たに北方探題に就任する。基時は極楽寺流《ごくらくじりゅう》北条氏の一族で、連署を務めた業時《なりとき》の孫にあたる。就任当時は十七歳であった。基時と宗宣が六波羅探題として並んでいたときには、どちらが執権探題であったかは不明だが、年齢などからみて宗宣が探題の職務をリードした可能性が高いと思われる。

さて宗宣は、永仁の徳政令の西国施行に際し、執権探題として赴任したのであるが、『勘仲記《かんちゅうき》』や『実躬卿記』は永仁五年の記事を欠いており、その具体的な活動はわからない。ただし公家側の史料である『帝王編年記《ていおうへんねんき》』の永仁五年条には、今年、武家、須《すべか》らく質券《しちけん》売買地を本主知行《ちぎょう》すべきの由、徳政《とくせい》と云々。

とあり、「武家」を六波羅とみれば、宗宣が着実に徳政令を実施していったことが窺えると思う。

ところで、永仁六年九月には、天台座主《てんだいざす》尊教僧正《そんきょうそうじょう》の腹心性算《しょうさん》と山門衆徒《さんもんしゅと》とが対立し、延暦寺《えんりゃくじ》の講堂《こうどう》・戒壇《かいだん》などが性算らの放火により焼失する事件が起きている。「六波羅管領《かんれい》」大仏宗宣は性算らと親しく、放火犯の断罪に消極的だったため、六波羅探題近くの五条橋《ごじょうばし》にその姿勢を批判する落書《らくしょ》が建てられたという（『元徳二年三月日吉社並叡山行幸記』）。この事件で宗宣の積極的な活動が見出されるわけではないが、一方探題の北条宗方はまったく姿がみえず、「六波羅管領」＝執権探題の宗宣が、犯人の処罪などを沙汰していたことがわかる。

同じ永仁六年の正月には、伏見《ふしみ》天皇の側近で、歌人の権中納言京極為兼《きょうごくためかね》が六波羅探題に捕らえられる重大事件が起きている。三月に為兼は佐渡《さど》に配流される。為兼捕縛は幕府の指令によるものであって、六波羅の主体的な行動ではないが、流刑地《るけいち》の佐渡は大仏氏の守護国であり、探題宗宣が一方探題の宗方以上に、この事件に関与したと考えられる。京極為兼は、朝廷の伝奏《てんそう》などの役職に就くことなく天皇側近として恣意的な政道口入を行っていた。それを諸人が嫌い、幕府が朝政から排除したのである（小川剛生 二〇〇三）。同年七月、伏見天皇は退位し、子の後伏見《ごふしみ》天皇に位を譲る。八月には、大覚寺統後宇多《ごうだ》上皇の皇子邦治親王《くにはるしんのう》（後二条天皇）が皇太子に立てられる。京極為兼捕縛事件は、公家政界に大きな波紋をもたらした。

さて、探題北条久時・佐介盛房期には、六波羅探題に裁判の判決権はなく、幕府がこれを掌握していたことは前にみた。探題大仏宗宣・北条宗方期になると、六波羅の裁判権が復活する。宗宣・宗方期は三年半に満たなかったが、六波羅探題の裁許下知状《さいきょげちじょう》は十五通伝わっている。約半年間の宗宣・北条基時期にも一通が残る。永仁五年以降、幕府・六波羅探題が滅亡するまでの三十六年間で、六波羅裁許下知状は六十七通が残存している。これに対し、永仁五年以前は七十六年間で二十八通にすぎなかった。探題宗宣期には、評定・引付などの制度に加え、奉行人《ぶぎょうにん》らの人員が整備され充実していくのであり、西国成敗（裁判）機能が充分に整えられたのである。洛中警固《らくちゅうけいご》に加え、六波羅探題の西国成敗は宗宣期に完成したといえる。なおこのころ、同じ地方統治機関の鎮西探題の整備も並行して行われていて、鎌倉幕府の全国支配体制が充実・完成する時期であったのである。

探題金沢貞顕の時代

貞顕の南方探題就任

乾元元年（一三〇二）七月、大仏宗宣の後任として南方探題金沢貞顕《さだあき》が上洛した。亀山《かめやま》法皇は粟田口《あわたぐち》に桟敷《さじき》を構え、千余騎を従えた新探題貞顕入京の様子を見物している（『実躬卿記』乾元元年七月二十六日条）。

貞顕は北条義時《よしとき》の孫北条実時《さねとき》を祖とする金沢流北条氏の出身で、顕時《あきとき》の嫡子である。金沢北条氏として初めて六波羅探題に任じられた。当時二十五歳。彼は幕府内でも要職を経歴したわけではなかったので、抜擢人事といえる。また北方探題には北条基時が在職していた。基時は貞顕と探題として並んでいたとき、執権探題であったが、あまり目立った活動は認められない。むしろ貞顕の方に注目すべき動きがみられる。

乾元元年十一月に除目《じもく》があり、治天《ちてん》の君《きみ》後宇多上皇の父亀山法皇は、権大納言《ごんだいなごん》の官に、中納言《ちゅうなごん》筆頭の吉田経長《よしだつねなが》を差し置き花山院家雅《かざんいんいえまさ》を昇進させた。数日前経長は、法皇御幸に行き合い、そのとき下車しなかった無礼を咎められ、蟄居《ちっきょ》していたのである。しかし昇進した家雅は、元は持明院統後伏見《ごふしみ》上皇の乳父《めのと》であり、前年の治世交替を機に、亀山法皇に取り入った節操のない人物であった。そのためこの人事に対し非難の声が多く上がった。南方探題金沢貞顕は、「或上人」を通じて、これが鎌倉の意向に背くことを、後宇多上皇に申し入れたという（『吉続記《きちぞくき》』乾元元年十一月二十二日条）。しかしこの人事が覆ることはなかった。貞顕は吉田家と「内縁」（姻戚関係カ）があったとされるから（『吉口伝《きちくでん》』嘉元三年〈一三〇五〉二月八日条）、経長を擁護する、このような申し入れを行ったとも考えられるが、注目すべき行動である。

さて嘉元元年十月、北方探題北条基時が退任し、貞顕は南方探題として大仏宗宣に続き執権探題となる。同年十二月、相方の北方探題として北条時範《ときのり》が上洛する。時範は極楽寺流北条氏一門で、かつて六波羅探題北方を務めた時茂《ときもち》の子である。当時四十歳であり、貞顕より十四歳年長であったが、執権探題は貞顕が務めることとなる。なお、時範の母は北条政村《まさむら》の娘で、貞顕の祖母（顕時母）も政村娘であった。この点からみると、貞顕・時範の六波羅探題就任には、北条時村が関与していた可能性があろう。時村は政村の嫡子で、正安三年（一三〇一）八月以来、連署の職にあった（執権は北条師時《もろとき》）。しかも六波羅探題の長期経験者である。もちろん得宗《とくそう》北条貞時の承認を必要としたであろうが、時村が貞顕・時範両人の探題就任を後押ししたことが考えられる。

図12　金沢貞顕　称名寺所蔵，神奈川県立金沢文庫保管，『金沢文庫の名宝』1992年より転載

南方執権探題貞顕　金沢貞顕が南方探題であった時代、六波羅探題は朝廷に対し、京都の市政にも影響を与える申し入れを行っていた。まず嘉元元年閏四月ころ、京都の市での螺《にな》・蛤《はまぐり》二種類の貝の売買が「武家の制禁」により停止されていた（『公衡公記《きんひらこうき》』別記

『昭訓門院御産愚記《しょうくんもんいんごさんぐき》』嘉元元年閏四月十九日条）。ついで、翌嘉元二年二月に「武家申す沽酒《こしゅ》停止の事」が後宇多上皇の評定で審議されている（『師守記《もろもりき》』康永元年〈一三四二〉五月九日条）。沽酒停止とは酒の販売禁止である。前者は幕府と緊密な関係にあった真言律宗《しんごんりつしゅう》の殺生禁断《せっしょうきんだん》思想との関わり、後者は前月に死去した東二条院《ひがしにじょういん》（後深草《ごふかくさ》天皇中宮《ちゅうぐう》）への服《ふく》喪《も》が背景に存していたことが明らかだが、六波羅探題が、京都の商業に影響を及ぼす施策を朝廷に申し入れ、前者は確実に実施されていたのである。

　このような都市京都の商業と六波羅探題との関わりは、亀山院政期の弘安元年（一二七八）十二月、院の評定で「沽価《こか》」つまり物価について六波羅に仰せ合わせて沙汰する方針が打ち出されている（『勘仲記』弘安元年十二月六日条）から、弘安当時の六波羅探題北方北条時村期以来のものともいえる。しかし南方探題金沢貞顕期には、「武家の制禁」とみえていたように、朝廷側からの下問に基づく施策とは考えにくく、六波羅が主体的に朝廷に申し入れ、実行されたものと思われる。六波羅探題が京都の市政に関わろうとする動きが、南方探題貞顕期にみえるようになったといえるであろう。嘉元年間（一三〇三～〇六）は吉田定房《さだふさ》（経長の子）が京都の市政を司る検非違使別当《けびいしべっとう》を務めた時期であり、「内縁」を生かした、六波羅探題貞顕と定房との協力関係が知られるから（『吉口伝』）、貞顕の京都市政への関与は検非違使別当定房の存在を前提として行われた可能性が高い。

さて嘉元三年四月二十三日鎌倉で、連署北条時村が得宗北条貞時の内管領《うちかんれい》・侍所《さむらいどころ》所司《し》を務めた北条宗方により誅殺される事件が勃発する。時村殺害には貞時の「下知」があったとされている（「春日若宮神主祐春記《すけはるき》」嘉元三年四月二十八日条）。時村は南方探題貞顕の祖母の兄弟、北方探題北条時範には伯（叔）父であったため、詳しい状況をつかめない六波羅探題府では「連々騒動」となり緊迫した事態となった。しかし五月四日宗方は討伐され事件は落着する（金沢文庫文書）。この事件を嘉元の乱という。時村と宗方はともに六波羅探題の経験者であるが、探題退任から五年足らずの宗方は、京都に独自の人脈を持っていたようで、宗方に連座し六波羅奉行人の源姓宗像長氏《むなかたながうじ》が六波羅に召し籠められている（「嘉元三年雑記」）。鎌倉で起きた嘉元の乱は、貞顕・時範両探題の政治生命にも大きな影響を与える可能性があったのである。

徳治二年（一三〇七）十二月から翌延慶元年（一三〇八）七月にかけて、大和《やまと》達磨寺《だるまでら》の勧進僧仙海《かんじんそうせんかい》の流罪などを訴えた、興福寺《こうふくじ》衆徒による強訴《ごうそ》事件が起きる。前章で述べたように、幕府の裁定を踏まえ、興福寺と直接交渉し事態を収拾させたのは、六波羅奉行人の斎《さい》藤基任《とうもととう》と松田秀頼《まつだひでより》の両名であった。金沢貞顕の時代には六波羅の官僚体制が整っており、六波羅評定衆《ひょうじょうしゅう》や奉行人たちが、西国成敗を中心とする六波羅政務のかなりの部分を担うようになっていた。長官である六波羅探題の職務が容易なものでなかったことは疑いないが、かつての北条重時《しげとき》や北条時村期などと比較すると、貞顕期には六波羅官僚らのサポートメンバーが充実しており、探題個人の職務負担が軽減されたこともまた間違いない。

南方探題在任中、貞顕は『たまきはる』（『健御前日記《けんごぜん》』）『百錬抄』『法曹類林《ほっそうるいりん》』『侍中群要《じちゅうぐんよう》』など多数の貴重な典籍の書写活動に励んでいる。『百錬抄』は吉田定房や万里小路宣房《までのこうじのぶふさ》ら大覚寺統の廷臣から借用し、これを書写したことがその奥書《おくがき》からわかる。貞顕には文化的活動を行う時間的余裕が生じていたのである。徳治元年には伊勢神宮《いせじんぐう》にも参拝している。なお『徒然草《つれづれぐさ》』の著者として有名な兼好法師《けんこうほうし》が貞顕に仕えていたことが明らかになっている（小川剛生 二〇一七）。

貞顕の鎌倉下向と貞房の上洛

金沢貞顕は、嘉元元年十二月以来、北条時範と南北両六波羅探題として並んでいたが、時範は徳治二年八月、探題在任中に死去する。享年四十四。貞顕・時範期には、年下の貞顕が執権探題として六波羅の政務をリードしていたのであるが、両者の間にはちょっとしたトラブルも起きている。それは徳治二年正月、貞顕が時範を超越して正五位下に叙されたことを発端とする。この叙位《じょい》に対し、貞顕よりも三年前に従五位上に達していた時範は、貞顕叙位を推挙した幕府に抗議したようで、同年三月の除目で、時範に貞顕と同日の正月二十九日付で正五位下の位記《いき》が下されたのである（『実躬卿記』徳治二年三月二日条）。

この叙位をめぐる一件は、家格も年齢も上の北方探題時範と、家格・年齢は下であるものの南方執権探題として政務をリードした貞顕との微妙な関係を浮かび上がらせている。鎌倉の幕府は、貞顕の執権探題としての功労を評価し、時範にとっては看過できない超越人事を行ったのである。貞顕の仕事ぶりは幕府に高く評価されていたと考えてよい。

さて延慶元年十二月、貞顕は南方探題を辞し、鎌倉に下向する。北条時範の死去後、貞顕が南方から北方探題に転任し、新たに南方探題が上洛するなどの巷説があったが、鎌倉に帰還することができた。貞顕は鎌倉に戻ることを「連々所望」し、長井宗秀《ながいむねひで》（妻は金沢《かねざわ》顕時《あきとき》の姉妹）ら幕府要人に働きかけていたのである（金沢文庫文書）。北条氏の本拠は東国《とうごく》の鎌倉であり、鎌倉で活動することが彼らの本望であった。政治権力として幕府は朝廷を凌駕していたが、京都で六波羅探題という多難な役職を長期間務めることを、貞顕をはじめとする北条一族は望まなかったのである。

貞顕の鎌倉下向とほぼ同じタイミングで新探題大仏貞房《さだふさ》が上洛する。第一章の「歴代の六波羅探題」の節でみたように、延慶元年十二月の貞顕・貞房連署の六波羅裁許下知状が二通残っており、貞顕は南方探題であるから、貞房は北方探題に任じたことがわかる。貞房は大仏宣時の子で、宗宣の弟である。当時三十七歳。大仏流北条一門出身であるから、『鎌倉年代記』『武家年代記（ぶけねんだいき）』など、貞房を南方探題とする史料は少なくないが、北方探題とすべきである。

大仏貞房は北方探題に任じ、南方探題不在のまま単独で六波羅の職務を行うが、就任からわずか一年後の延慶二年十二月、在任中に急死する。貞房の活動としては、延暦寺の訴えにより召し返された、東寺（とうじ）の故益信僧正（やくしんそうじょう）に対する大僧正および本覚大師号（ほんがくだいしごう）の再贈号について、幕府から、朝廷への執奏（しっそう）の指示を受けたものの、「猶予して奏聞（そうもん）せす、京都の形勢を関東に内々つけしめし」したという、政治判断が注目される（『元徳二年三月日吉社並叡山行幸記』）。六波羅探題貞房の政治的な情勢判断力が垣間見えるところである。大仏北条氏には有能な人物が多い。

貞顕の北方探題就任

鎌倉に帰還後、金沢貞顕は引付頭人となり、寄合衆にも任じられた。だが延慶三年六月には再度六波羅探題として赴任することとなる。今度は格上の北方探題である。貞顕は再度の上洛を命じられたころ、「愚身面目をうしなうのみに候はす、在京人以下あさけり（嘲）申す計りなく候、その上は成敗すへて（全）かなうましく候」と忌避している（金沢文庫文書）。しかし辞退は叶わず、再任されたのである。大仏貞房の死去から貞顕の再上洛までの約半年間、六波羅探題は欠員であった。この間、在京人筆頭の長井《ながい》氏《し》をはじめとする官僚たちがその留守を預かり、六波羅の政務運営を行っていたと考えられる。当時、六波羅の官僚体制はかなり整備されていた。だからこそ貞顕は、先の書状で、先例のない再任探題となった自分を、在京人たちが嘲り服従しない事態を恐れているのである。延慶三年七月、貞顕は再上洛し、しばらく長井貞重の館に寄宿した（「延慶三年記」）。

貞顕が北方探題に就任したとき、公家政権は花園《はなぞの》天皇が在位する持明院統伏見上皇の治世下にあった。後二条《ごにじょう》天皇が延慶元年八月に死去し、大覚寺統の後宇多法皇は政権を手放さざるを得なかったのである。ただし、後宇多の子尊治《たかはる》親王（後醍醐《ごだいご》天皇）が皇太子に立てられた。なお亀山法皇は嘉元三年九月に、後深草《ごふかくさ》法皇は同二年七月に死去している。

貞顕は大覚寺統の廷臣と親しく、それゆえ、南方探題在任時代、朝廷の人事や京都の市政にも関わろうとしたのであるが、持明院統の治世下では当然、同様な行動は慎まざるを得なくなる。彼は無難に探題職を務めることを心掛けたと思われる。貞顕にひと月遅れで、北条時敦《ときあつ》が南方探題として赴任してくる。時敦は、北条政長の子で政村の孫にあたる。北条時村の甥である。当時三十歳。執権探題は北方探題貞顕が務めている。

貞顕の北方探題在職期にも、寺社紛争や悪党の蜂起が相次いだが、正和三年（一三一四）五月、貞顕は、京都東山《ひがしやま》の新日吉神社神人《いまひえじんじゃじにん》と闘争事件を起こしている。これは新日吉社祭礼の馬上役賦課《ばじょうやくふか》をめぐる紛争が拡大し、北方探題貞顕の重臣で検断頭人《けんだんとうにん》の向山敦利《むこうやまあつとし》らと新日吉神人との間に闘乱が起き、双方に死者が出たのである。その後、六波羅側が新日吉社の社殿を破壊したことから、本寺《ほんじ》の延暦寺僧徒が蜂起して六波羅探題と一触即発の事態となり、京都は大騒ぎとなった。六月、東使の得宗被官《とくそうひかん》長崎泰光《やすみつ》が上洛して、天台座主公什《こうじゅう》を解任するなど、事態の収拾をはかっていくこととなる。

この闘乱事件の一方の当事者は北方探題貞顕であったが、彼とその家人《けにん》が幕府から処分されることはなかった。しかし、この事件について貞顕は書状で、南方探題時敦の家人らがあまり協力的ではなかったこと、在京人たちも、貞顕家人が「うたれ(討)候けるを見候て、みなにけ(逃)て候、申す計りなく候」と述べている（金沢文庫文書）。六波羅探題にとって、寺社勢力との武的トラブルは、責任の所在をめぐり泥沼化することが多く、なるべく避けたい事柄であった。在京人たちが、神人との闘争に消極的にならざるを得なかったのも無理はない。本気で戦えば、戦士たる武士が負けることはない。しかし、後でどのような処分が下されるのかが怖いのである。僧兵《そうへい》や神人と戦い、配流などの処罰をうけた武士は少なからずいた。あまり本気を出して戦うと、後で馬鹿をみることになる。これが在京人たちの共有する、教訓となっていた。洛中警固も六波羅探題の思い通りに機能しない場面が現れてくるのである。かつて探題北条時村が危惧した事態の再現である。

さて金沢貞顕は、新日吉神人との闘争事件から約半年後の正和三年十一月、六波羅探題を退任する。鎌倉に帰還すると、翌正和四年七月、連署に就任する。北条貞時はすでに応長元年（一三一一）十月に死去しており、後継の得宗北条高時《たかとき》を内管領長崎円喜《えんき》や安達時《あだちとき》顕《あき》が後見・補佐する時代となっていた。貞顕のこの昇進は、十年近くにおよぶ、南北六波羅探題在任の功績を評価したものであろう。

南方探題大仏維貞と悪党鎮圧

維貞の探題就任

金沢貞顕の探題退任に伴い、正和四年（一三一五）六月、南方探題北条時敦は北方探題に転じ、同年九月大仏維貞《これさだ》が新任の南方探題に就任する。当時三十一歳。

維貞は大仏宗宣の子で、宣時の孫である。祖父宣時は連署の重職に任じ、父宗宣も六波羅探題南方として執権探題を務め、鎌倉下向後は連署・執権にまで昇り詰めていた。維貞は、このように鎌倉後期以降幕府内で重きをなした、大仏家の嫡流である。ただし、宣時は法体《ほったい》ながら健在であったものの、宗宣は、維貞探題就任以前の正和元年に死去していた。

維貞はかつて、父宗宣が六波羅探題であったとき、これに従い在京していた。元応二年

（一三二〇）に奏覧された勅撰集『続千載和歌集《しよくせんざいわかしゆう》』（巻十九、哀傷歌）に、

都へのぼりて侍りける時、平宗宣朝臣にあひともなひて都に侍りし事を思ひいでてよみ侍りける　平維貞

住みなれし都の宿に月を見ば　ひとりむかしの影やしのばん

との、維貞が六波羅探題として上洛したとき詠んだ哀傷歌が載せられている。亡父宗宣とともにかつて在京した日々を思い出し、都の月をみて感慨にふけっているのである。宗宣の探題在職期間は永仁五年（一二九七）七月から乾元元年（一三〇二）正月までであるから、維貞は十三歳から十八歳までの青年期を京都で過ごしたこととなる。京都で元服した可能性もある。執権探題として忙しく働く、父宗宣の背中をみて成長し、その仕事ぶりを学んだのだろう。

乾元元年、父とともに鎌倉に帰った維貞は、引付衆《ひきつけしゆう》や小侍所奉行（別当）などに任じ、徳治元年（一三〇六）評定衆に昇進して引付頭人を兼任する。正和三年には幕府要人の任ずる陸奥守《むつのかみ》となり、翌四年九月に六波羅探題南方に就任したのである。十三年ぶりの上洛となった。父宗宣と同様、南方探題ながら、執権探題として職務をリードすることとなる。

維貞の探題時代には、京極為兼の配流や治世の交替など大きな出来事があった。前者は

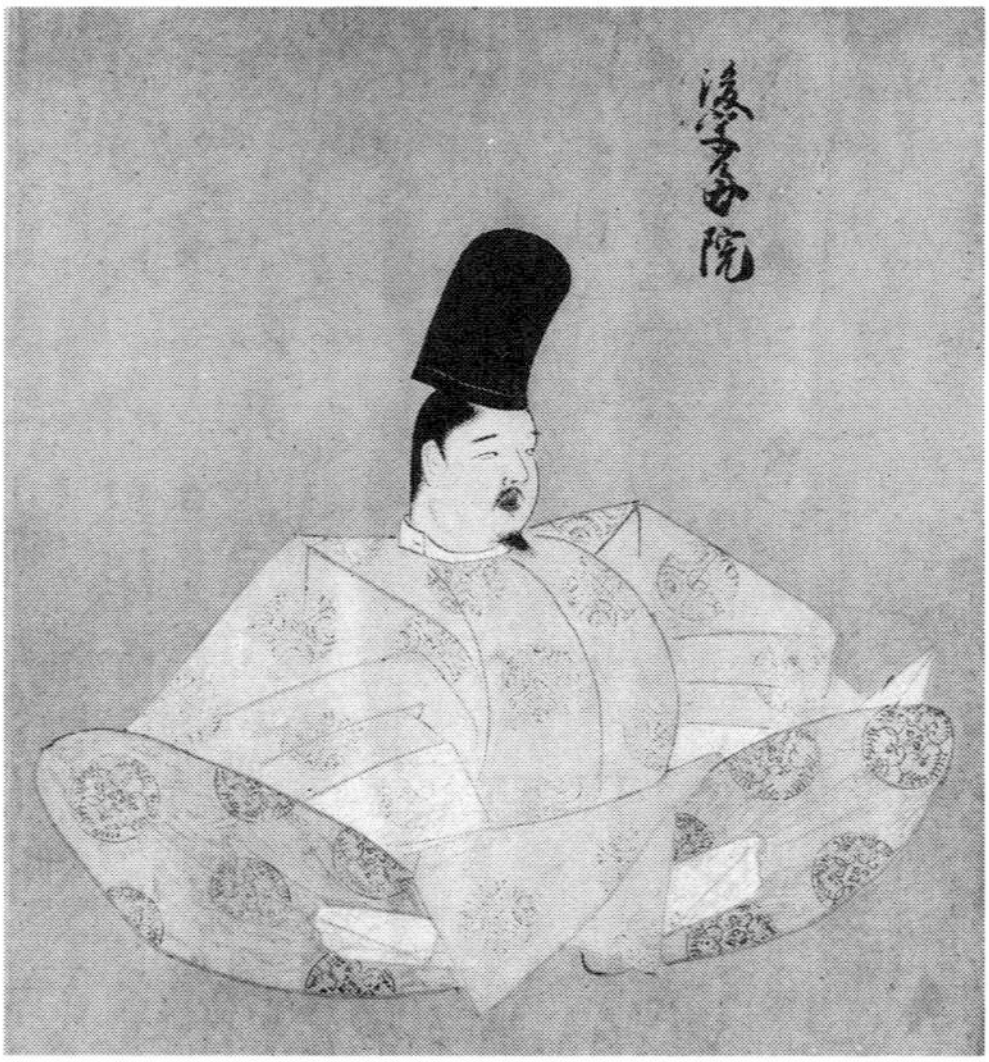

図13　後宇多院　宮内庁三の丸尚蔵館所蔵

正和四年十二月、伏見法皇の寵臣京極為兼が再び捕らえられ、翌年正月土佐《とさ》に流された事件である。当時は持明院統の治世下で、伏見の子後伏見上皇が院政《いんせい》を行っていた。しかし伏見と後伏見とは不和で、しかも為兼は永仁の時と同様に政道口入を行ったから、東使で得宗の重臣安東重綱《あんどうしげつな》入道が上洛し、為兼を六波羅に拘禁しこれを遠流《おんる》に処したのである（井上宗雄 二〇〇六）。

後者は文保二年（一三一八）二月、持明院統の花園天皇が退位し、大覚寺統の後醍醐天皇が践祚《せんそ》したのである。後宇多法皇が治天の君として再び院政を行うこととなった。なお、この治世の交替を伝える使者は六波羅評定衆長井貞重が務めたのである。後宇多は元亨元年（一三二一）十二月に院政を止め、後醍醐天皇の親政時代となる。

南方執権探題大仏維貞が最も力を注いだのが悪党や海賊《かいぞく》の鎮圧である（網野善彦　一九九五・西田友広　二〇一七）。

維貞の悪党鎮圧

悪党については「転換期の六波羅探題」の章で、近年の研究動向を踏まえて概観した。十四世紀に入ると、悪党の動きはさらに活発化する。たとえば、維貞の父大仏宗宣探題期の正安三年（一三〇一）九月、大和国二上山に城郭《じょうかく》を構えた悪党を追罰するため「七箇国御家人幷びに在京武士等」が発向している（『興福寺略年代記《こうふくじりゃくねんだいき》』）。また維貞が探題として上洛した正和四年の十一月には、延暦寺の僧や山城《やましろ》・摂津《せっつ》の住人九十二人の悪党らが、摂津国兵庫関で守護使を襲撃する事件が発生した（内閣文庫所蔵摂津国古文書）。これは山《さん》僧《そう》らが兵庫関から東大寺《とうだいじ》の支配を排除しようとしたため起きた事件である。

このような畿内《きない》近国の状況のなかで、維貞は幕府の支援を受けつつ悪党の鎮圧に尽力する。文保二年から元応元年にかけて、使節を山陽道《さんようどう》・南海道《なんかいどう》に派遣し悪党の鎮圧をはかった。六波羅探題被官《ひかん》らの使節が、守護や守護代《しゅごだい》と協力して地頭《じとう》・御家人から起請文《きしょうもん》を取り、悪党・海賊の追捕《ついぶ》にあたったのである。

播磨《はりま》国は正安・乾元（一二九九〜一三〇三）ころから悪党が蜂起し、「所々ノ乱妨、浦々ノ海賊、寄取、強盗、山賊、追落《おいおと》シ、ヒマ無ク（中略）武方ノ沙汰、守護ノ制ニモカカハラス、日ヲ逐テ倍増」していた状況にあり、飯尾兵衛大夫為頼（為定《ためさだ》カ）・渋谷三郎左衛門尉・糟屋次郎左衛門尉が使節として派遣された（『峰相記《みねあいき》』）。飯尾為定は六波羅奉行人、渋谷三郎左衛門尉は南方探題大仏維貞被官、糟屋次郎左衛門尉は播磨守護を兼任した北方探題北条時敦の被官と考えられる。『峰相記』によると、彼らは播磨守護代周東入道《しゅうとうにゅうどう》と協力して「所々ノ城廓（郭）、悪党ノ在所二十余ヶ所焼払、現在セル犯人誅セラレ、悪党五十一人注進シテ上洛」するという大きな成果をあげた。

このような悪党鎮圧政策を推し進めたのが南方執権探題大仏維貞なのであった。『峰相記』は、維貞が正中元年（一三二四）八月に六波羅探題を辞し鎌倉に帰ると、再び悪党が蜂起し、「正中・嘉暦（一三二四〜二九）ノ比《ころ》ハ、其振舞先年ニ超過」したと記す。維貞が探題在職中に悪党鎮圧に力を注ぎ、成果をあげたのであるが、彼が鎌倉に下向すると、これまで以上に悪党が横行するようになってしまったというのである。

また、備後《びんご》国には特使として伊地知民部大夫長清・藍原《あいはら》左衛門入道定光・太田又次郎納が派遣されたことが知られる（勧学院《かんがくいん》文書）。伊地知長清は六波羅奉行人であるが、藍原・太田氏についてはよくわからない。ただし播磨国の事例から判断すると、両名は六波羅探題被官と考えられる。

さて維貞は、海の悪党というべき海賊の取り締まりにも尽力している。元応二年八月十七日付の六波羅御教書《ろくはらみぎょうしょ》（防府毛利家文書《ほうふもうりけ》）で維貞は、安芸国《あき》亀頸《かめくび》を警固所《けいごしょ》とした「海上警固」つまり瀬戸内《せとうち》海賊の取り締まりを児玉《こだま》七郎入道（光行《みつゆき》）と塩谷《しおや》左衛門入道両名に命じている。播磨や周防《すおう》にも海上警固を課す文書があり、かなり大がかりに行われたことがわかる。なお、上記の六波羅御教書は大仏維貞の単署であるが、これは元応二年五月に北方探題北条時敦が在任中に死去していたためである。

正中元年二月、幕府は東使出羽判官《でわほうがん》（二階堂兼藤ヵ）を上洛させ、朝廷に、「本所一円地《ほんじょいちえんち》悪党」の守護を経由しての召し取りが上手くいかない場合、守護が直接入部して召し取ることとし、その所領を召し上げ「公家（後醍醐天皇ヵ）御計らいとして、朝要の臣に宛て行う」ことを申し入れた（追加法補遺二一条）。没収した所領を「公家御計」としたことに、やや譲歩がみられるものの、鎌倉幕府がより踏み込んだ悪党鎮圧方針を示し、その権限を拡大していく様子が窺える。時期から判断して、この法令制定に際し、六波羅探題大仏維貞から幕府への働きかけがあった可能性が考えられる。

大仏維貞は悪党鎮圧という、畿内近国の秩序維持のため、南方執権探題として大いに力を注いだ。その仕事ぶりと実績は、鎌倉末期の探題のなかでは際立っていると思う。六波羅探題在任は約九年の長期におよんだ。正中元年八月、維貞は六波羅探題南方を辞し、鎌倉に下向する。

大仏家の内部事情

大仏維貞が六波羅探題として上洛したとき、すでに父宗宣は死去していた。祖父宣時は長命で、元亨三年六月に八十六歳で死去している。維貞の探題在任中である。大仏家は宗宣・維貞が嫡流で維貞は宣時の嫡孫であったが、維貞が六波羅探題として在京中、高齢の祖父宣時に替わり、鎌倉で活動したのが大仏貞直《さだなお》である。貞直は宣時の庶子宗泰《しよしむねやす》の子で、維貞の従兄弟にあたる。貞直は元応二年に引付頭人に任じられている。評定衆にも加えられていたと考えられる。さらに、大仏宣時が有していた遠江《とおとうみ》・佐渡両国《りようごく》の守護職も貞直が相伝《そうでん》する。維貞の在京中に、高齢の大仏家家長宣時の代官《だいかん》として鎌倉で活動する貞直が、その政治的地位を上昇させていたのである。維貞が六波羅探題として悪党鎮圧などに奔走するなか、鎌倉の大仏家内では大きな変化が生じていた。

元亨元年七月、大仏維貞は急遽鎌倉に下向している。その理由は定かでないが、このような大仏家内部の状況変化に不安を感じたことが関係していると思う。しかし、このときの六波羅探題は北方が欠員で、維貞単独であったこともあり、「(北条高時ヵ) 御気色《みけしき》不快」により再上洛せざるを得なかった（『将軍執権次第《しょうぐんしっけんしだい》』）。維貞が鎌倉不在の間、貞直が大仏家家督《かとく》の地位を脅かしつつあったようである。

正中元年、六波羅の任を終えた維貞は、鎌倉に帰還すると評定衆に復帰し、嘉暦元年（一三二六）四月には連署に就任する（執権は赤橋守時《あかはしもりとき》）。祖父宣時や父宗宣が経歴した重職である。大仏家家督たる地位が認められ、また六波羅探題としての活動実績が加味された人事とみてよいだろう。十月には、大仏流の先祖北条時房が修理権大夫に任じたのに倣い、修理大夫の官にも補任《ぶにん》されている。しかし維貞は、翌嘉暦二年九月に四十三歳で死去し、六波羅時代のような顕著な活動足跡を残すことはなかった。

維貞が死去すると、貞直の地位が再び上昇する。遠江と佐渡の守護職は維貞帰還後も貞直が保有しており、またその所領も相模《さがみ》国懐島《ふところじま》や同田村郷《たむらごう》などの要地にあって、数量的にも貞直が維貞を凌駕していたようである（秋山哲雄　二〇〇六・川島孝一　二〇〇八）。元弘元年（一三三一）九月、大仏貞直は、後醍醐天皇が籠る笠置山《かさぎやま》攻めの幕府軍の大将軍《だいしょうぐん》となり、上洛することとなる。

六波羅探題の滅亡

鎌倉幕府の打倒を目指す後醍醐《ごだいご》天皇は、六波羅探題の討滅を試みるが、計画は事前に漏れ失敗する（正中《しょうちゅう》の変《へん》）。変ののち幕府は、大軍を率いた金沢貞将《さだゆき》を新たな六波羅探題として上洛させる。貞将の探題在任中は京都でほぼ平穏が保たれた。北条仲時《なかとき》が北方探題に、北条時益《ときます》が南方探題になると、後醍醐は行動を起こし笠置山《かさぎやま》で挙兵する。後醍醐は幕府の大軍に捕らえられ、隠岐《おき》に配流されるが、護良親王《もりよししんのう》や楠木正成《くすのきまさしげ》が再び挙兵して畿内《きない》とその周辺は戦乱状態となった。隠岐を脱出し伯耆船上山《ほうきせんじょうさん》に拠った後醍醐は、諸勢力に討幕を指令し、幕府軍の大将として上洛した足利高氏《あしかがたかうじ》もこれに応じる。正慶二年（元弘三年〈一三三三〉）五月、六波羅探題は高氏軍によって滅ぼされ、探題仲時《なかとき》・時益《ときます》は戦死してしまうのである。

正中の変と探題金沢貞将の上洛

正中の変

正中元年（一三二四）九月十九日、後醍醐天皇による第一次討幕運動《とうばくうんどう》である正中の変が勃発する。この年六月に後醍醐の父後宇多《ごうだ》法皇が死去、八月には六波羅探題南方大仏維貞《おさらぎこれさだ》が鎌倉に帰還し、六波羅探題は北方常葉範貞《ときわのりさだ》のみとなっていた。好機到来とみた後醍醐は六波羅を討滅しようと謀ったのである。

『花園天皇日記《はなぞのてんのうにっき》』正中元年九月十九日条によれば、十月二十三日の北野天満宮《きたのてんまんぐう》祭礼の時には喧嘩《けんか》が多く、武士が出動し六波羅の警固《けいご》が手薄になる、この隙に乗じて探題範貞を討ち、山門《さんもん》や南都衆徒《なんとしゅと》に号令し宇治《うじ》・勢多《せた》を固める計画であったという。しかしこの企ては事前に漏れ、謀議に加わった美濃源氏土岐《とき》十郎五郎頼有《よりあり》と多治見国長《たじみくにながが》が六波羅軍に討たれたのである。与党人のひとり土岐左近蔵人頼員《よりかず》は、六波羅奉行人斎藤利行《さいとうとしゆき》の娘を妻としており、ここから謀が漏れたとされている（なお土岐氏の実名《じつみょう》は『花園天皇日記』に従う。頼有は頼兼・頼時・頼貞、頼員は頼兼・頼春とする史料もある）。斎藤利行は得宗《とくそう》と親密な関係にあった人物で、事実、探題範貞よりも早く、正中の変での「当今（後醍醐天皇）御謀《む》叛《ほん》」を鎌倉に急報している（藤島神社文書）。

二条道平《にじょうみちひら》の「後光明照院関白記」や興福寺大乗院《こうふくじだいじょういん》の坊官良清《ぼうかんりょうせい》の「内山御所毎日抄」によれば、土岐氏討滅に先立つ十八日未明ころに、鎌倉から早馬《はやうま》が京着しており、幕府はこれ以前から都周辺における不穏な動きを摑んでいたとみられる。謀議への誘いは、後醍醐の側近日野中納言資朝の家人《けにん》三位阿闍梨《あじゃり》（游雅《ゆうが》カ）を奉者とする廻文《かいもん》でなされた（「内山御所毎日抄」正中元年十月二十七日条）から、おそらく幕府はこの廻文を入手し、「御謀叛」の実否を六波羅探題常葉範貞に至急調査させたものと考えられる。このような状況下で、土岐頼員が義父の六波羅奉行人斎藤利行に後醍醐側の計画を漏洩し、土岐頼有・多治《たじ》見国長《みくにながが》が討伐されたのである。頼員は九月十六日に入京しているから、彼自身、弁明して罪を逃れるため上洛したともみられる。

探題範貞は、四条坊門《しじょうぼうもん》と三条高倉《さんじょうたかくら》の土岐氏宿所に軍勢を派遣し、頼有・国長を討ち取った（「内山御所毎日抄」）。『花園天皇日記』は「四条辺において合戦、死者数多」と伝える。六波羅探題は頼有・国長を召したが、彼らが出頭しなかったため、使者を派遣したところ「返事に及ばず矢を放」ち、六波羅の武士と合戦となったという。

さて正中の変の首謀者として六波羅探題は、日野資朝《ひのすけとも》・日野俊基《ひのとしもと》・游（祐）雅法師の三名を捕え、鎌倉に召し下した。また幕府から疑惑を持たれた後醍醐天皇は、勅使万里小路《までのこうじ》宣房《のぶふさ》を鎌倉に遣わして弁明に努め、事なきを得た。日野資朝は後醍醐の側近であり、資朝単独で倒幕計画を練ったとは考えにくく、後醍醐がこの計画を知らなかったはずはないだろう。しかし後醍醐はこの危機を何とかかわすことができた。結局、翌正中二年閏正月に、日野資朝が佐渡《さど》に流罪、游雅は追放とされ、資朝・游雅主従が処罰されることとなり、日野俊基は帰京を赦された。

ところで、後醍醐天皇が倒幕を決意したのはなぜか。最も単純明快な理由は、後醍醐自身が中継ぎの天皇であり、自身の子孫に皇位を継承させるために、持明院《じみょういん》・大覚寺《だいかくじ》両統《りょうとう》迭立《てつりつ》を支持する幕府を滅ぼすことが不可欠だと考えたからだろう。有能な六波羅探題大仏維貞は離任して京都から去っており、後醍醐にチャンスが訪れていたのである。

図14　金沢貞将　称名寺所蔵，神奈川県立金沢文庫保管，『金沢文庫の名宝』1992年より転載

探題貞将の上洛と範貞

正中元年十一月十六日、欠員だった南方探題に就任するため金沢貞将が上洛した。『花園天皇日記』同日条によれば、「その勢五千騎許《ばかり》、先例に超過」したものであった。かつて父貞顕《さだあき》が南方探題として入京した時の千余騎の五倍もの軍勢である。正中の変後の京都、特に幕府に対し不穏な動きをした後醍醐天皇に対する、威嚇的な意味を持っていたことは疑いない。

金沢貞将は貞顕の嫡子《ちゃくし》である。二十三歳。鎌倉では四番引付頭人《ひきつけとうにん》に任じていた。父貞顕も当時執権《しっけん》北条高時《たかとき》の連署《れんしょ》を務めており、幕府重臣であった。年齢から考えると抜擢人事とみてよいが、貞顕は大覚寺統廷臣との私的関係を有していたから、その子貞将の探題就任は後醍醐天皇を懐柔する意味も持っていたかもしれない。父と同様、貞将は南方探題として執権探題になる。

ここで北方探題常葉範貞についても少しみておこう。範貞は極楽寺流《ごくらくじりゅう》北条氏庶流の出身で、かつて六波羅探題に任じた北条時範の子である。元亨元年（一三二一）十一月北方探題に就任した。年齢は不明だが、正和四年（一三一五）には引付衆《ひきつけしゅう》に列していたから、金沢貞将よりは年上であったとみられる。

範貞の探題就任との関係で注意されるのが、極楽寺流北条氏の嫡流赤橋《あかはし》家の六波羅探題任命が途絶えていることである。赤橋家は重時《しげとき》・長時《ながとき》・義宗《よしむね》・久時《ひさとき》と四代にわたり六波羅探題北方に任じ、得宗家の執権泰時《やすとき》・経時《つねとき》・時頼《ときより》・時宗《ときむね》・貞時《さだとき》を支え続けてきた。範貞が探題に就任したとき、執権は北条高時で、先例に従うならば、当時の赤橋家当主守時《もりとき》が探題として上洛するのが相応しかったともいえる。元亨元年時点で守時は二十六歳であり、探題就任には充分な年齢であった。しかし守時が探題に任命されることはなかった。このころ、南方探題大仏維貞が執権探題として悪党《あくとう》鎮圧に奔走しており、赤橋守時が北方探題として赴任すると、どちらが執権探題となるかという問題が生じる可能性があり、六波羅の職務運営に影響を与えることが危惧されたのかもしれない。そこで極楽寺流の庶流常葉範貞が上洛することとなったのだろう。いずれにしろ、赤橋家の六波羅探題就任はここに途絶えた。鎌倉末期には、南方執権探題の登場、金沢流北条氏の探題登用、大仏貞房の北方探題就任など、先例にとらわれない人事が行われるようになっていた。赤橋家からの探題就任が途絶えた背景については、鎌倉政界の動向や赤橋家の家格《かかく》上昇などを加味して考える必要があるが、六波羅探題についての新たな現象であるといえる。

さて金沢貞将は若年ながら執権探題となったが、その活躍は早くも入京して三日後にみられた。正中元年十一月十九日深夜、長講堂《ちょうこうどう》近くの六条坊門不動堂が炎上する。長講堂は持明院統の管領《かんれい》であったため、後伏見《ごふしみ》・花園両上皇は、火災の様子を視察するため現場付近に御幸した。この火事のとき貞将は、人勢を進めて近辺の小屋を壊し、延焼を食い止めたのである。花園上皇は「尤も高名歟」と、その働きぶりを褒めた（『花園天皇日記』）。六波羅探題として京中の鎮火活動に従事したのである。

貞将が六波羅探題に在任中、後醍醐天皇は関東調伏《かんとうちょうぶく》の祈禱を行っていたとされるが（百瀬今朝雄　一九八五）、兵を動かすようなことはなかった。ただ貞将が嘉暦元年（一三二六）十月十七日、西園寺実衡《さいおんじさねひら》の北山第《きたやまてい》を歴覧し、「兼ねて在所の形勢を伺」っている（「継《けい》塵記《じんき》」）のは注意される。西園寺家は代々関東申次《かんとうもうしつぎ》を務めた親幕派公卿である。その北山第つまり、いまの金閣寺付近の様子を貞将が検分しているのである。このころ、貞将の父貞顕は、京都東山に常在光院《じょうざいこういん》を建造中であり、その寺観整備の参考とするため、貞将は北山を訪れたのかもしれない。しかし貞将は北山山荘の景色を見に来ただけではないのではないか。有事の際に、北山付近を六波羅の拠点のひとつとする構想を、探題貞将が持っていた可能性も考えられると思う。

在京人の動向

『花園天皇日記』正中元年九月二十九日条によると、正中の変後、幕府は「一門輩七人、大名七人」を上洛させようとしていた。一門輩とは北条一門である。ただし金沢貞将探題在職期の金沢貞顕書状には、在京する北条一族は見出せないので、彼らは貞将とともに上洛し、しばらく在京した程度であったようである。

探題貞将の政務を補佐していたのは、主に長井氏《ながいし》ら在京人たちである。六波羅評定衆《ろくはらひょうじょうしゅう》長井貞重《さだしげ》の活動などは「探題を支えた在京人たち」の章でみた。鎌倉末期になると、長井・町野《まちの》・海東《かいとう》ら官僚系の在京人たちは六波羅の武力機構においても重要な役割を担うようになり、六波羅探題は彼らに依存するところが大となっていた。かつて長期にわたり探題を務めた金沢貞顕は、子息貞将に対し、六波羅の中核を成す吏僚系在京人の動向に注意を払うように伝える書状を鎌倉から発していた。幕府・六波羅の倒壊直前になると、在京人にも独自の動きがみえるようになる。

伊賀氏《いがし》は、探題北条時村《ときむら》期以来、代々六波羅評定衆に任じられた吏僚系在京人の要人であるが、元徳元年（一三二九）七月ころ、伊賀兼光《いがかねみつ》が六波羅引付頭人をめぐる人事への不満から出仕を止める事件が起きる。兼光は、貞顕から「六波羅評定衆眼目」とさえ評される存在である（金沢文庫文書）が、数年前から後醍醐天皇と密接な関係を持っており（網野善彦 一九八六）、これが幕府の権臣安達時顕《あだちときあき》の嫌うところとなって、その昇進にストップがかけられたのである。また小田時知《おだときとも》は、源氏将軍時代の有力御家人《ごけにん》八田知家《はったともいえ》の子孫で、父知宗《ともむね》に続く六波羅評定衆であるが、大覚寺統の廷臣中御門経継《なかみかどつねつぐ》の娘を妻としていた。そのため、妻の兄弟経宣《つねのぶ》や経季《つねすえ》を通じて後醍醐天皇と接触があったようで、後醍醐が挙兵したのちの元弘元年（一三三一）十月、六波羅の武士に討伐されそうになった（森幸夫 二〇〇五）。このように、後醍醐と直接関係を持つ有力在京人が存在するようになっていた。

六波羅奉行人のなかにも後醍醐天皇と関係を持つ者が現れている。斎藤基任《さいとうもととう》は三十年以上にわたり六波羅奉行人を務めた奉行人重鎮であったが、幕府から後醍醐の側近北畠具《きたばたけとも》行《ゆき》や二条為定《にじょうためさだ》との親密な関係を疑われて、因幡《いなば》国で出家遁世《しゅっけとんせ》を遂げたと考えられている。また奉行人宗像重業《むなかたしげなり》（法名真性）も嘉暦二年六月、後醍醐が崇敬する愛染明王像《あいぜんみょうおうぞう》を京都の五智山蓮華寺に奉納しており、後醍醐との関係が認められるのである（内田啓一　二〇一〇）。

鎌倉の金沢貞顕は、探題貞将に、在京人の動向に注意するように伝えていたが、貞将はこのような在京人の動きを危機的に捉えることができなかったようである。長井貞重や小早川宣平《こばやかわのぶひら》らには、伊賀兼光・小田時知と一線を画す動きもあり（金沢文庫文書）、在京人間でも微妙な関係が生じつつあったとみられる。

在京得宗被官

得宗《とくそう》の代官《だいかん》として京都に常駐し、その命を受け独自な活動を行っていたのが在京得宗被官である。時代が下るとともに、六波羅探題には、初期の北条泰時《やすとき》・時房《ときふさ》・時氏・重時のような、得宗の子弟が任じられることがほとんどなくなり、血縁からいえば、得宗と探題との関係は次第に遠のいていき、個人的信頼関係は薄らがざるを得なかったものと思われる。このようななかで得宗の手足となり活動したのが在京得宗被官であった。鎌倉末期には、安東蓮聖《あんどうれんしょう》・助泰《すけやす》父子、神五左衛門尉《じんごさえもんのじょう》が在京得宗被官として活躍する。

安東氏は駿河《するが》国出身で、蓮聖は北条時頼《ときより》の時代から得宗に仕えていたことが知られ、京都五条に居宅を持っていた。蓮聖は得宗領摂津多田院《せっつただいん》造営の総奉行（文永十年〈一二七三〉）、

図15　安東蓮聖　久米田寺所蔵

北条時宗《ときむね》の守護国摂津の守護代（弘安七年〈一二八四〉）、数百貫文もの私財を投じての播磨福泊《ふくどまり》の築港（乾元元年〈一三〇二〉）などの事跡で知られており、大和《やまと》・摂津・和泉《いずみ》・豊後《ぶんご》などに所領《しょりょう》を持ち、また山門の悪僧と結託して、近江堅田浦《おうみかただのうら》で醍醐寺《だいごじ》領越中《えっちゅう》国石《いし》黒荘《ぐろのしょう》内山田郷《やまだごう》の年貢運上船《ねんぐうんじょうせん》を差し押さえる寄沙汰《よせざた》を行うなど、西国《さいごく》で金融や交易に携わった有徳人《うとくにん》的な得宗被官と位置付けられている。蓮聖は九十一歳の長寿を保ち、元徳元年京都で没する。

蓮聖の子安東助泰（法名円恵《えんえ》）も在京得宗被官として独自の活動をしている。周知のように北条高時は田楽《でんがく》を愛好したが、元徳二年四月、東大寺八幡宮手掻会《とうだいじはちまんぐうてがいえ》における田楽役者得夜叉《とくやしゃ》と藤夜叉《ふじやしゃ》の装束料《しょうぞくりょう》につき東大寺側に申し入れることがあった。それは得宗高時《たかとき》の意を承け、まず連署北条茂時《もちとき》が鎌倉の得宗被官安東貞忠《さだただ》に対し四月二十日付書状で指示し、ついで貞忠が高時の「内々御気色」を得る形で安東助泰に四月二十二日付書状で伝達した。京都で鎌倉からの指令を受けた助泰は、五月十八日付書状で、東大寺の三位僧都に宛て高時の要求を申し入れている（天野文雄 二〇〇五）。当時、常葉範貞・金沢貞将が両六波羅探題として在任していたのであるが、北条高時の申し入れは在京得宗被官安東助泰を通じてなされたことがわかる。安東貞忠と安東助泰という同族つながりで、このような指令ルートが用いられたとも考えられるが、そもそも連署北条茂時がこのルートを選んだのであるから、六波羅探題を経由しない、在京得宗被官への伝達ルートが頻繁に利用されていたことが窺えよう。安東助泰は、元徳二年二月、後醍醐天皇の直接の指示をうけ、鎌倉へ下向する直前の渡来僧明極楚俊《みんきそしゅん》の参内を取り計らうことも行っており、六波羅探題からは独立した存在であったのである（筧雅博 一九八五）。

神五左衛門尉も注意すべき在京得宗被官である。実名不詳だが、神姓であるから信濃諏訪《しなのすわ》氏の一族と考えられる。おそらく、北条重時の探題時代、在京していた神五郎左衛門尉実員の子孫であろう。神五左衛門尉は、金沢貞顕の探題貞将宛て書状に散見し、安東助泰と併記されることもある（金沢文庫文書）。その活動で最も注目されるのは、元弘元年八月二十四日、後醍醐天皇が京都を出奔したことをいち早く摑み、これを六波羅探題に急報したことである（『光明寺残篇《こうみようじざんぺん》』）。六波羅とは別の独自な情報網を持ち、京中に目を光らせていたことが窺えるのである。

六波羅探題の最期

探題仲時・時益の上洛

元徳二年（一三三〇）閏六月、南方探題金沢貞将が離任し、翌月北条時益が南方探題に就任する。同年十二月には、北方探題常葉範貞が退任し、同月北条仲時が北方探題となった。元徳元年九月ころ鎌倉では、北条時益が六波羅探題として上洛するであろうことが風聞していた（金沢文庫文書）。金沢貞顕の書状によると、元徳元年の半ばころから貞顕は、幕府中枢の長崎円喜《ながさきえんき》・高資《たかすけ》父子や安達時顕らに貞将の鎌倉下向を働きかけていた（金沢文庫文書）。貞顕は嘉暦元年（一三二六）三月、北条高時後任の執権人事をめぐる紛争に巻き込まれて出家しており、嫡子貞将の鎌倉帰還を切望していたのである。貞将の六波羅探題在任中、摂津などで大規模な悪党蜂起があったものの、京都ではほぼ平穏が保たれた。鎌倉下向後程なく、貞将は一番引付頭人に任命されている。六波羅探題を足掛け十年務めた常葉範貞が、鎌倉帰還後は格下の三番引付頭人に任じられていることを考慮すると、貞将は南方執権探題としての功績を評価され、一番引付頭人の要職に抜擢されたといえるだろう。

さて新任の探題についてみておこう。北条仲時・北条時益は最後の六波羅探題である。執権探題には北方探題仲時が就いた。仲時は極楽寺流北条氏の普恩寺《ふおんじ》（音）家《け》の出身で、北条基《もと》時《とき》の子である。二十五歳。基時はすでに出家していたが、六波羅探題北方や執権を務めた幕府の実力者である。時益は政村《まさむら》流《りゅう》北条氏で、南北両探題に任じた北条時敦《ときあつ》の子である。年齢は不詳であるが、父時敦の生年が弘安四年（一二八一）なので、一三〇〇年代生まれと仮定すると、探題就任時は二十代と推測できる。時敦はすでに没していたが、時益の探題就任とほぼ同時期に、同じ政村流北条氏の茂時が連署に就任している。ちなみに当時の執権は赤橋守時である。

元弘の乱はじまる

元弘元年（一三三一）四月、吉田《よしだ》定房《さだふさ》の密告によって後醍醐天皇の倒幕計画が露顕する。定房は後醍醐の側近であったが、討幕は現実的ではないと考えていたようであり、謀議を廻らす近臣たちを捕縛し排除することで、後醍醐天皇を守ろうとしたと思われる。六波羅探題からの急報を承け、幕府は得宗被官二名を上洛させ、日野俊基・文観《もんかん》・円観《えんかん》らを捕え鎌倉に召し下した。元弘《げんこう》の乱《らん》のはじまりである。

不穏な情勢が続くなか、八月二十四日、ついに後醍醐は行動を起こし富小路内裏《とみのこうじだいり》を出奔《しゅっぽん》する。この事実を摑んだ在京得宗被官神五左衛門尉は、六波羅探題に急報した。八月初めころ鎌倉では、得宗北条高時が、専横を極める長崎高資を排除しようとして果たせず、逆に高時に忠実な得宗被官数名が流罪となる権力争いが生じていた。後醍醐はこの幕府の内訌《ないこう》を機に挙兵したものとみられる。しかし翌八月二十五日、六波羅は、後醍醐の側近万里小路宣房・三条公明《さんじょうきんあき》・洞院実世《とういんさねよ》・平成輔《たいらのなりすけ》らの身柄を拘束する。

後醍醐は北畠具行・四条隆資《しじょうたかすけ》ら側近数名を従え奈良に行幸《ぎょうこう》したが、大和との国境に程近い山城《やましろ》国笠置山《かさぎやま》に居を移し、城郭《じょうかく》を構えた。六波羅探題は当初これを知らず、後醍醐は比叡山《ひえいざん》に籠もったものとみて、軍勢を派遣した。後醍醐の身代わりとして花山院師賢《かざんいんもろかた》が登山していたのである。六波羅は、幕府にも天皇が山門に移ったと使者高橋孫五郎・糟屋孫八を遣し伝達している。高橋は北方探題北条仲時、糟屋は南方探題北条時益の被官《ひかん》である。八月二十七日、佐々木時信・長井高広・町野信宗・小田時知ら在京人が比叡山攻めの

図16　後醍醐天皇　清浄光寺（遊行寺）所蔵

ため出陣した。この戦いで六波羅方の海東備前左近大夫将監《かいとうびぜんさこんのたいふしょうげん》が僧兵《そうへい》と戦い討死《うちじに》している。また同日、後伏見・花園両上皇と皇太子量仁《かずひと》親王が六波羅北方に入御する。六波羅北方には「兼ねて将軍幕府として檜皮屋《ひわだや》一宇を造」っており、鎌倉将軍の六波羅御所に後伏見らは移ったのである（『続史愚抄《ぞくしぐしょう》』）。ちなみに、この六波羅御所を鎌倉将軍の本邸とみて、同所を鎌倉幕府の本拠とする説がある（熊谷隆之　二〇〇四）。

八月二十八日になると後醍醐の比叡山不在が知れわたって僧兵たちは戦意を失い、六波羅も攻撃を中止する。翌二十九日六波羅探題は、奉行人雑賀《さいか》隼人佑《はやとのすけ》・松田《まつだ》十郎《じゅうろう》両名を鎌倉に下し幕府に戦況などを報告している。九月に入ると、六波羅は笠置山に軍勢を派遣し、籠城軍と戦うこととなる。九月二日、六波羅奉行人飯尾《いのお》覚民《かくみん》と関《せき》正証《しょうしょう》が南都に下向、さらに同五日奉行人宗像《むなかた》真性《しんしょう》・俣野《またの》家景《いえかげ》両名も奈良に下向して、興福寺大乗院門跡《もんぜき》に対し笠置山攻撃への協力を求めた。六日には合戦が始まり、検断頭人《けんだんとうにん》率いる六波羅軍は「笠置寺西口」から攻めたが苦戦し、落城させることはできなかった（『笠置寺縁起』）。笠置山を陥落させ、後醍醐の身柄を確保できたのは、鎌倉から大軍が上洛して以後である。

九月五日から七日にかけて、大仏貞直《さだなお》・金沢貞冬《さだふゆ》（貞顕の子）・江馬越前入道《えまえちぜんにゅうどう》・足利高《たか》氏《うじ》（のち尊氏）ら二十万八千騎もの軍勢が鎌倉を進発し、二十七日ころから笠置山を攻め、翌二十八日これを落とした。二十九日には後醍醐の身柄を確保する。笠置城の攻略には幕府軍の圧倒的な軍事力が必要であったのである。六波羅探題のそれは強力なものではなかった。比叡山攻めでも六波羅軍の主力が討たれたのである。六波羅探題は比叡山攻めに先立ち、遠く鎮西探題《ちんぜいたんだい》にも援軍を求めたようだから（草野《くさの》文書《もんじょ》）、大規模な合戦となるとその軍事力には脆弱な面があったといわざるを得ない。なお後醍醐天皇に呼応して楠木正成が河内赤坂城《かわちあかさかじょう》で兵を挙げたが、十月二十一日赤坂城も落城し、正成は逃亡した。

追い詰められる六波羅探題

後醍醐天皇が笠置山に籠城している最中の九月二十日、量仁親王が土御門内裏《つちみかどだいり》で践祚《せんそ》した。光厳《こうごん》天皇である。東宮《とうぐう》には前皇太子故邦良《くによし》親王の子康仁《やすひと》親王が擁立される。十月四日、後醍醐は南方探題時益館に身柄を移された。三種の神器も回収されて、十月六日、六波羅探題南方から土御門内裏に渡された。

同じころ後醍醐に従って行動した、北畠具行・花山院師賢・万里小路藤房《ふじふさ》（宣房の子）らも御家人に身柄を預けられたが、翌年、多くが配流先などで斬られた。日野資朝も佐渡で、日野俊基も鎌倉で殺されている。後醍醐天皇は、正慶元年（元弘二年〈一三三二〉）三月、隠岐に流された。承久《じょうきゅう》の乱《らん》での後鳥羽上皇の先例に基づく処分である。後醍醐には千種《ちくさ》忠顕《ただあき》ら数人が随従を許された。

これで後醍醐の倒幕活動は頓挫し、一件落着かと思われたが、十一月には後醍醐の皇子護良親王が吉野に挙兵して討幕の令旨《りょうじ》を発し、楠木正成も河内千早城《ちはやじょう》に再び兵を挙げた。十二月、鎌倉から得宗被官尾藤弾正左衛門尉《びとうだんじょうさえもんのじょう》が上洛、翌正慶二年（元弘三年）正月までには鎌倉から阿曽治時《あそはるとき》・大仏高直《たかなお》（維貞の子）・名越宗教《なごえむねのり》の北条一門三名が大将軍として上洛する（『楠木合戦注文《くすのきかっせんちゅうもん》』）。治時が河内道、高直が大和道、宗教が紀伊《きい》道から反乱軍を攻める手筈とし、河内・山城・尾張《おわり》など六波羅探題管轄下二十六ヵ国の御家人も配属され、滞京中の上野国《こうずけ》の大番衆《おおばんしゅう》も動員された。その軍勢の数は明らかでないが、大番衆も駆り集めているところをみると、元弘元年九月の笠置山攻めの軍勢よりも劣っていたことは間違いない。幕府は護良・正成の挙兵をさほど深刻に捉えてはいなかったようである。だが楠木正成は、ゲリラ的戦法を用いて関東武士らを翻弄、幕府の大軍を千早城に釘付けにしてその不甲斐なさを天下に知らしめることとなる。なお上野国の大番衆のなかに、のちに鎌倉を攻略する新田義貞《にったよしさだ》がいた。義貞は三月、病気と称し上野に下向してしまったとされている。

楠木正成は摂津天王寺《てんのうじ》からも京都をうかがった。正成と宇都宮公綱《うつのみやきんつな》との戦いが著名であるが、六波羅探題から探題被官の有賀・竹井氏や、長井高広・小田貞知《さだとも》（時知の弟）・四条堀河の篝屋《かがりや》守護人富樫《とがし》、水谷・中条《ちゅうじょう》・厳島《いつくしま》神主藤原《ふじわら》・芥川氏《あくたがわし》らの在京人が出陣し、楠木軍と合戦を繰り広げた。六波羅探題は洛中守護の篝屋武士も戦場に動員したのである。

正慶二年正月には赤松則村《あかまつのりむら》（法名円心《えんしん》）が播磨苔縄城《こけなわじょう》で挙兵する。苔縄城が所在する佐用庄《さよのしょう》は六波羅探題料所《りょうしょ》とされ、則村は本来六波羅探題に直属した存在であったと考えられている（筧雅博　一九八八）。事実、則村は正慶元年末までは宇都宮公綱とともに幕府軍として戦っていた（藻原寺所蔵金綱集紙背文書《そうげんじ きんこうしゅう しはいもんじょ》）。護良親王の令旨に応じ、後醍醐天皇方に寝返ったのである。

さて幕府軍は閏二月一日、護良親王の拠る吉野城を陥落させたが、楠木正成の千早城《ちはやじょう》を落とすことができなかった。千早城を攻めあぐねている間に後醍醐は、閏二月二十四日隠岐を脱出して出雲《いずも》に上陸、二十八日、名和長年《なわながとし》に迎えられて伯耆船上山に拠る。ここから討幕命令を発するのである。三月になると、赤松則村が京都を脅かす。則村と六波羅軍とは山陽道《さんようどう》などで一進一退の攻防を繰り広げていたが、三月十一日摂津国瀬川《せがわ》の戦いで六波羅軍が敗れ、翌日則村は京都に乱入した。これにより光厳天皇と後伏見・花園両上皇は、六波羅探題北方仲時の館に再び遷幸する事態となった。これよりのち洛中はしばしば戦場となり、六波羅探題は、赤松軍や伯耆から遣わされた千種忠顕らの軍勢への防御に追われるのである。三月二十六日には後醍醐に呼応した延暦寺《えんりやくじ》の僧徒に六波羅を攻められている。また四月三日には殿法印良忠《りょうちゅう》・中院定平《なかのいんさだひら》・赤松則村らが京都を襲って大規模な合戦があり、六波羅軍はなんとかこれを敗退させた。『太平記《たいへいき》』（流布本）巻九に拠れば、このころ、六波羅館の河原面に大堀を掘って鴨川《かもがわ》の水を引き入れ、残りの三方には土塀を高く築いて多数の櫓を構え、さらに周囲に逆茂木《さかもぎ》を廻らし六波羅を要塞化したという。阿曽治時や大仏高直らの幕府軍は千早城周辺に釘付けにされており、京都の防衛は専ら六波羅探題が担わざるを得なかったのである。六波羅は疲弊しつつあった。

六波羅探題の最期

正慶二年四月半ば、足利高氏と名越高家《たかいえ》が上洛する。京都や西国情勢は日々悪化しており、幕府はようやく大軍を再上洛させたのである。その主要な攻撃目標は伯耆船上山であった。六波羅探題北条仲時と北条時益は、高氏・高家の入京を聞き、百万の味方を得た心地がしたであろう。だが足利高氏の裏切りにより、六波羅探題は最期を迎えるのである。

図17　足利高氏　浄土寺所蔵

足利高氏は上洛中に後醍醐天皇の綸旨《りんじ》を受けたようであるが、四月二十七日、名越高家が久我縄手《こがなわて》で戦死したことにより、幕府＝北条氏を裏切る決意をしたと考えられる。足利軍は、山陽道から攻める大手《おおて》名越軍の搦手《からめて》として山陰道《さんいんどう》を行軍する計画であった（「後

図18　蓮華寺墓所　蓮華寺提供

光明照院関白記」『梅松論《ばいしょうろん》』)。四月二十九日、高氏は丹波《たんば》篠村八幡宮《しのむらはちまんぐう》に願文《がんもん》を奉納して討幕の成就を祈願し(篠村八幡宮文書)、同じ日、九州の大友貞宗《おおともさだむね》や島津《しまづ》貞久《さだひさ》らを誘う密書を発した(立花文書・島津家文書)。丹波から京都に反転し、五月七日早朝、六波羅探題を攻撃した。『増鏡《ますかがみ》』に拠ると足利軍は、大宮大路の木戸を押し開くと、七つに手分けした軍勢が、二条大路から南の七つの大路をそれぞれ東に向かい、六波羅に向かって攻め込んだという。赤松則村も東寺《とうじ》方面から六波羅を攻めている。六波羅軍は死力を尽くして戦ったものの敗北し、探題仲時・時益は光厳天皇や後伏見・花園両上皇らを伴い東国《とうごく》を目指し京都を落ちた。そののち六波羅館は炎に包まれた。

落ち武者となった六波羅探題の行く手を野伏《のぶし》が阻《はば》み、南方探題時益は矢で射られ戦死する。五月九日、北方探題仲時一行は琵琶湖《びわこ》の東、近江番場《ばんば》宿に至るが、五辻宮守良《いつつじのみやもりよし》親王（亀山《かめやま》天皇の子）を擁した軍勢と戦って力尽き、仲時主従ら四百三十余人は番場の蓮華寺で自害した。『近江番場宿蓮華寺過去帳』には北条仲時やその家人高橋・隅田《すだ》をはじめとする自刃した人びとの名前が載せられている。また蓮華寺境内の裏山には仲時主従の墓所があり、森閑とした林のなかの物言わぬ五輪塔《ごりんとう》の群れが、悲しみを誘う。

なぜ滅亡したのか——エピローグ

六波羅探題とともに滅亡した人びと

『近江番場《ばんば》宿《しゅく》蓮華寺過去帳』をみると、六波羅探題に殉じて自害した人びとは、高橋・隅田《すだ》・糟屋《かすや》氏など探題北条仲時《なかとき》・時益《ときます》の被官《ひかん》が大多数であったと考えられる。六波羅探題配下の在京人の姿はあまり見出せない。官僚系在京人の六波羅評定衆《ひょうじょうしゅう》町野康世《まちのやすよ》と六波羅奉行人斎藤教親《さいとうのりちか》の名前が目立つ程度である。小早川貞平《こばやかわさだひら》は番場宿まで探題仲時に同行したが、自害することなく現場から立ち去った。また伊賀兼光《いがかねみつ》や小田時知《おだときとも》らの有力在京人が探題北条氏と最後まで行動をともにすることはなかった。彼らは後醍醐《ごだいご》天皇と個別的関係を持っており、六波羅を離反しやすかった。

自害者に佐々木清高《ささききよたか》がみえることが注意されるが、清高は後醍醐《ごだいご》を警固した隠岐《おき》の守護《しゅご》であり、伯耆《ほうき》の名和長年《なわながとし》らと戦って敗れ、六波羅探題と合流していたのである。また桜《さくら》田治部大輔入道浄心《だじぶのたいふじょうしん》・苅田《かつた》彦三郎師時《もろとき》も自害者としてみえるが、桜田氏は北条時頼《ときより》の子時厳《じごん》の、苅田氏は北条重時《しげとき》の子為時《ためとき》（時継）の子孫の北条一門と思われる。この両名は他の六波羅探題関係の史料にまったく名前を見出せないので、正慶二年（元弘三年〈一三三三〉四月、伯耆船上山攻めの大将軍名越高家《なごえたかいえ》とともに上洛したのかもしれない。高家の討死後《うちじに》、六波羅探題に合流したのであろう。真上持直・信直父子の名前がみえることも注目される。真上氏は歴代の探題に仕えたタイプの探題被官で、北摂津《きたせっつ》の武士であった。畿《き》内《ない》武士でありながら探題仲時に殉じたのである。

このように、六波羅探題の滅亡とは、南北両探題と被官たちの滅亡であったのである。在京人たちのほとんどは、探題とは行動をともにしなかったのである。五月二十二日に滅ぶ鎌倉の幕府と同様、六波羅探題滅亡とは北条一族の滅亡であった。

滅亡の要因

六波羅探題滅亡の要因としてはまず、「悪党《あくとう》」として鎮圧が繰り返された在地側の反発が考えられる。正慶元年末、楠木正成《くすのきまさしげ》が再度挙兵する。正成に味方して河内赤坂城《かわちあかさかじょう》に拠ったのが平野将監入道《ひらのしょうげんにゅうどう》という人物である。将監入道は、元徳二年（一三三〇）九月、尼崎《あまがさき》住人教念《きようねん》・教性《きようしよう》らに与して東大寺《とうだいじ》領摂津長洲荘《ながすのしよう》に乱入した悪党であった。「不退在京」し、関東申次《かんとうもうしつぎ》西園寺《さいおんじ》公宗《きんむね》に仕えるという顔も持っていたが、河内国を本拠とする武士で悪党なのであった（熊谷隆之 二〇〇七）。このような悪党が、討幕軍に身を投じることはごく自然であったといえるだろう。

だが、楠木正成や赤松則村《あかまつのりむら》らの、「悪党」と共闘した勢力が、六波羅探題軍や上洛した幕府軍を脅かすことはできても、それを打倒することは無理だったろう。やはり、足利高《あしかがたか》氏《うじ》軍という、御家人《ごけにん》によって構成された正規軍によるほか、六波羅を滅ぼすことは不可能だったと思われる。

高氏は名越高家の戦死の四月二十七日、幕府を裏切ることとなったとみられ、同日付で丹波《たんば》の片山《かたやまし》氏や播磨《はりま》の島津《しまづし》氏に軍勢催促状《ぐんぜいさいそくじよう》を発している（片山文書・越前島津家文書）。二十九日に丹波篠村八幡宮《しのむらはちまんぐう》で倒幕を祈願するのであるが、六波羅探題を攻撃するのは五月七日のことである。この間七日ほど日時があり、京都と篠村八幡宮との距離はさほど離れていないから、六波羅探題は、高氏が後醍醐へ寝返った事実を事前に摑んでいただろう。しかし高氏が後醍醐天皇に与することにより、戦う前から、六波羅探題から在京人が離脱していったと考えられる。伊賀《いが》・小田・波多野《はたのし》氏らの有力在京人の動向が不明であるのは、足利軍との合戦以前に、六波羅から退去したためだと推測される。高氏の六波羅攻め以前に、戦線離脱する在京人が相次いだと思われる。

さて、以上は六波羅探題の滅亡の軍事的な要因であるが、六波羅の機能や組織・構造に則して、滅亡の理由を考えると次の三点を指摘できると思う。

一つめは、六波羅探題の権限の弱さである。在京人に対する処罰権・人事権・恩賞《おんしょう》権などがなく、六波羅には求心力を得にくい機能的欠陥があったのである。

二つめは、北条氏勢力の僅少さである。鎌倉の幕府は、北条一門の独立化や朝廷との結びつきを警戒し、さらに寺社勢力との摩擦回避のため、六波羅評定衆家となる北条一門の有力者を京都に配置しなかった。その一方、有力在京人には外様《とざま》御家人が多く、離反者が少なくなかったのである。

三つめは在京人の負担が過重となったことである。在京人は篝屋《かがりや》勤務や寺社強訴《ごうそ》の際の軍事動員などが本来の任務であった。しかし鎌倉後期以降は、悪党鎮圧のための使節勤務などが加わり、負担が増大した。在京人の多くが六波羅探題・幕府に対して不満を懐《いだ》いていたとみられるのである。

六波羅探題の歴史的位置

鎌倉幕府は東国《とうごく》を本拠とする政権であり、基本的には朝廷への必要以上の干渉を欲しなかった。しかし、プロローグでみたように、幕府は国家的な警察・軍事を担当する存在であったため、六波羅探題は洛中警固《らくちゅうけいご》を行い、検非違使《けびいし》の代わりに洛中の警察権、処断権のかなりの部分を担うこととなった。鎌倉後期以降は、さらに悪党の鎮圧を任され、朝廷や荘園領主《しょうえんりょうしゅ》の武力機構化したとさえいい得る。しかし激化する寺社紛争や悪党鎮圧への対応に追われて、六波羅探題の職務は次第に困難なものとなり、滅亡につながっていったものと考えられる。

組織としての六波羅探題は、鎌倉後期以降、北条氏抜きの官僚集団（六波羅評定衆・奉行人ら）が形成され、鎌倉とは異なる、六波羅独自の人員構成となった。また十三世紀末以降は、リーダーたる執権《しっけん》探題が、家格《かかく》ではなく能力によって任命されたことも注目される。北条氏が実権を握る時代であったとはいえ、鎌倉とは別世界の京都で職務を果たすためには、相応の政治的能力が必要とされたのである。

正慶二年五月、六波羅の長官である探題と探題被官は滅亡したが、六波羅評定衆・奉行人らの官僚系在京人は多くが生き残り、建武《けんむ》政権の雑訴決断所《ざつそけつだんしょ》や室町幕府の評定《ひょうじょう》・引付《ひきつけ》への任用が多数認められる。伊賀・小田・長井氏《ながいし》や飯尾・斎藤・雑賀氏《さいがし》らである。彼らは官僚として室町幕府を支えていくこととなる（森幸夫 二〇一六b）。また一般在京人も室町幕府の奉公衆《ほうこうしゅう》（直勤御家人）へと連なる家系が多くみられる。小早川氏《こばやかわし》や遠山《とおやま》・海老名氏《えびなし》らであり、南北朝の動乱を乗り越えて、在京奉公する室町武士として活躍していくのである。元の六波羅探題の在京人によって、室町幕府に連なる在京武家勢力のかなりの部分が形作られたといっても過言ではない。六波羅探題と建武政権・室町幕府とはつながっている。

あとがき

本書は、六波羅探題《ろくはらたんだい》の長官北条氏の活動を中心に、六波羅探題の歴史を概観したものである。近年、六波羅探題の研究史をまとめた新書（久保田和彦 二〇二〇）が刊行されているが、六波羅探題の活動について通史的に述べた一般書としては、本書が最初のものとなると思う。また「類書がない」などといわれそうである。「目次」に登場する人物をみればわかるように、六波羅探題には北条泰時《やすとき》以外、著名な人物はほぼいない。ほかには「人物叢書」にも収録された、北条重時《しげとき》や金沢貞顕《かねさわさだあき》（森幸夫 二〇〇九・永井晋 二〇〇三）がやや知られている程度であろう。そういった意味で本書は、超マニアックな鎌倉北条氏本ともいえるかもしれない。

鎌倉時代の中期以降、北条氏は日本の政治をリードしていったが、鎌倉の得宗《とくそう》（北条氏家督《かとく》）を、京都から支えたのが六波羅探題であった。六波羅は、西国の御家人関係の裁判などはもちろん、朝廷・公家からのさまざまな要望に対応しつつ、都とその周辺の治安維持も行い、さらに大寺社の強訴《ごうそ》にも対処しなければなかった。探題には北条一族のなかでも有能な人物が選ばれている。その仕事ぶりについては本文でみた通りである。〝流石の能力を発揮する北条泰時〟〝何事もソツのない北条重時〟〝部下思いの北条時村《ときむら》〟〝空気を読み過ぎる金沢貞顕〟など、本文でこのようなくだけた表現をすることは差し控えたが、その個性や能力を発揮しつつ、配下の人々にも支えられて、アウェーといえる京都で、厳しい職務をこなしていったのである。北条氏は人材豊富であったと思う。

ところで、執筆のため史料を読み直してみると、新たな発見があることは少なくないが、今回も、改めて気付かされたことがいくつかあった。そのひとつに、六波羅探題の滅亡に関する事柄がある。六波羅は足利高氏《あしかがたかうじ》（尊氏）に滅ぼされたのであるが、高氏が六波羅探題攻撃を決意したのは、同じ時に鎌倉から上洛した名越高家《なごえたかいえ》の戦死によるものと考えられる。名越氏は泰時の次弟朝時《ともとき》を祖とする北条一門の名門であるが、得宗家に警戒されたことから、六波羅探題に誰も任命されたことはなかった。しかし、六波羅とは無縁であった名越流北条氏の高家の討死が契機となって、六波羅探題は滅んだのである。そして六波羅滅亡から程なく、得宗北条高時を中心とした鎌倉の幕府も滅びる。名越氏は、最後の最後で、結果的に、得宗家に意趣返ししたといえるのかもしれない。歴史とは皮肉なものである。

さて本書は、ちょうど六波羅探題創設から八〇〇年後の二〇二一年に刊行されることとなった。これは狙ったものではなく、本書の原稿完成が、約束よりも約一年遅れてしまったためである。末筆ながら、本書刊行の機会をいただいた吉川弘文館の編集部に厚く御礼申し上げます。

二〇二一年八月

森　幸　夫

参考文献

秋山哲雄『北条氏権力と都市鎌倉』吉川弘文館、二〇〇六年
秋山哲雄『鎌倉幕府滅亡と北条氏一族』吉川弘文館、二〇一三年
天野文雄「鎌倉末期の田楽界と相模入道高時」『芸能史研究』一六八、二〇〇五年
網野善彦『蒙古襲来』小学館、一九七四年
網野善彦『異形の王権』平凡社、一九八六年
網野善彦『悪党と海賊』法政大学出版局、一九九五年
石井進『日本中世国家史の研究』岩波書店、一九七〇年
石井進『中世武士団』小学館、一九七四年
石井進「改めて問われる『十訓抄』の価値と編者」（新編日本古典文学全集五一月報四二、小学館、一九九七年）
伊藤邦彦『鎌倉幕府守護の基礎的研究　国別考証編』岩田書院、二〇一〇年
稲葉伸道「鎌倉幕府裁判制度覚書（一）」『年報中世史研究』一五、一九九〇年
井上宗雄『鎌倉時代歌人伝の研究』風間書房、一九九七年
井上宗雄『京極為兼』吉川弘文館、二〇〇六年
今江広道「『光業卿記』と『継塵記』」（國學院大學日本文化研究所編『大中臣祭主藤波家の研究』続群

書類従完成会、二〇〇〇年）
内田啓一『後醍醐天皇と密教』法蔵館、二〇一〇年
内田澪子「『六波羅二臈左衛門入道』考」『国語と国文学』八六―四、二〇〇九年
上横手雅敬『北条泰時』吉川弘文館、一九五八年
上横手雅敬『日本中世政治史研究』塙書房、一九七〇年
上横手雅敬『鎌倉時代政治史研究』吉川弘文館、一九九一年
遠藤基郎「平岡定海氏所蔵「東大寺別当次第」について」『東京大学史料編纂所研究紀要』一三、二〇〇三年
小川剛生「京極為兼と公家政権」『文学』四―六、二〇〇三年
小川剛生『兼好法師』中公新書、二〇一七年
岡山県史編纂委員会『岡山県史　第四巻　中世I』岡山県、一九九〇年
海津一朗「鎌倉後期の国家権力と悪党」（悪党研究会編『悪党の中世』岩田書院、一九九八年）
筧雅博「道蘊・浄仙・城入道」『三浦古文化』三八、一九八五年
筧雅博「続・関東御領考」（石井進編『中世の人と政治』吉川弘文館、一九八八年）
筧雅博『蒙古襲来と徳政令』講談社、二〇〇一年
勝野隆信『僧兵』至文堂、一九五五年
勝山清次編『南都寺院文書の世界』思文閣出版、二〇〇七年
川島孝一「北条氏所領の認定とその集積・ゆくえ」（北条氏研究会編『北条時宗の時代』八木書店、二

〇〇八年）
菊池紳一「嘉元の乱に関する新史料について」（北条氏研究会編『北条時宗の時代』八木書店、二〇〇八年）
木村英一『鎌倉時代公武関係と六波羅探題』清文堂、二〇一六年
久保田和彦「六波羅探題発給文書の研究」『日本史研究』四〇一、一九九六年
久保田和彦「六波羅探題発給文書の研究」（鎌倉遺文研究会編『鎌倉時代の政治と経済』東京堂出版、一九九九年）
久保田和彦「六波羅探題北条長時発給文書の研究」『日本史攷究』二六、二〇〇一年
久保田和彦「六波羅探題発給文書の研究」（北条氏研究会編『北条時宗の時代』八木書店、二〇〇八年）
久保田和彦「鎌倉幕府「連署」制の成立に関する一考察」『鎌倉遺文研究』四一、二〇一八年
久保田和彦『六波羅探題　研究の軌跡』文学通信、二〇二〇年
熊谷隆之「六波羅における裁許と評定」『史林』八五―六、二〇〇二年
熊谷隆之「六波羅探題任免小考」『史林』八六―六、二〇〇三年
熊谷隆之「六波羅探題考」『史学雑誌』一一三―七、二〇〇四年
熊谷隆之「摂津国長洲荘悪党と公武寺社」（勝山清次編『南都寺院文書の世界』思文閣出版、二〇〇七年）
五味文彦「在京人とその位置」『史学雑誌』八三―八、一九七四年
近藤成一『鎌倉時代政治構造の研究』校倉書房、二〇一六年

佐藤進一『増訂鎌倉幕府守護制度の研究』東京大学出版会、一九七一年
佐藤進一『日本中世史論集』岩波書店、一九九〇年
佐藤進一『鎌倉幕府訴訟制度の研究』岩波書店、一九九三年
高橋慎一朗『中世の都市と武士』吉川弘文館、一九九六年
高橋慎一朗『日本中世の権力と寺院』吉川弘文館、二〇一六年
高橋昌明『洛中洛外　京都は〝花の都〟か』文理閣、二〇一五年
遠山久也「得宗家庶子北条時輔の立場」（北条氏研究会編『北条時宗の時代』八木書店、二〇〇八年）
外岡慎一郎『武家権力と使節遵行』同成社、二〇一五年
永井晋『金沢貞顕』吉川弘文館、二〇〇三年
西田友広『悪党召し取りの中世』吉川弘文館、二〇一七年
日本史史料研究会編『将軍・執権・連署』吉川弘文館、二〇一八年
野木雄大「鎌倉幕府軍制と検断」『日本史研究』六九一、二〇二〇年
北条氏研究会編『鎌倉北条氏人名辞典』勉誠出版、二〇一九年
細川重男『鎌倉政権得宗専制論』吉川弘文館、二〇〇〇年
細川重男『鎌倉北条氏の神話と歴史』日本史史料研究会、二〇〇七年
細川重男編『鎌倉将軍・執権・連署列伝』吉川弘文館、二〇一五年
百瀬今朝雄「元徳元年の「中宮懐妊」」『金沢文庫研究』二七四、一九八五年
森茂暁『鎌倉時代の朝幕関係』思文閣出版、一九九一年

森幸夫「平頼綱と公家政権」『三浦古文化』五四、一九九四年
森幸夫『六波羅探題の研究』続群書類従完成会、二〇〇五年
森幸夫『北条重時』吉川弘文館、二〇〇九年
森幸夫「得宗家嫡の仮名をめぐる小考察」（阿部猛編『中世政治史の研究』日本史史料研究会、二〇一〇年a）
森幸夫「六波羅奉行人宗像氏と宗像大宮司氏業小考」『ぶい&ぶい』一五、二〇一〇年b
森幸夫『中世の武家官僚と奉行人』同成社、二〇一六年a
森幸夫「建武政権を支えた旧幕府の武家官僚たち」（呉座雄一編『南朝研究の最前線』洋泉社、二〇一六年b）
森幸夫「書評　木村英一『鎌倉時代公武関係と六波羅探題』」『史学雑誌』一二六—一、二〇一七年a
森幸夫「兼好法師と斎藤基任」（日本史史料研究会編『日本史のまめまめし知識』二、岩田書院、二〇一七年b）
森幸夫「鎌倉後期～南北朝期の幕府と畿内武士」『日本史研究』六五八、二〇一七年c
森幸夫「歌人源具親とその周辺」『鎌倉遺文研究』四〇、二〇一七年d
安田次郎『中世の興福寺と大和』山川出版社、二〇〇一年
山田徹「鎌倉後期～南北朝期研究の諸論点」『日本史研究』六五八、二〇一七年
義江彰夫「『関東御式目』作者考」（石井進編『中世の法と政治』吉川弘文館、一九九二年）

著者紹介

一九六一年、神奈川県に生まれる
一九八三年、國學院大學文学部史学科卒業
一九八九年、國學院大學大学院博士課程単位取得退学
現在、國學院大學非常勤講師、博士（歴史学）

〔主要著書〕

『六波羅探題の研究』（続群書類従完成会、二〇〇五年）
『北条重時』（吉川弘文館、二〇〇九年）
『小田原北条氏権力の諸相』（日本史史料研究会、二〇一二年）
『中世の武家官僚と奉行人』（同成社、二〇一六年）

歴史文化ライブラリー
535

六波羅探題
京を治めた北条一門

二〇二一年（令和三）十一月一日　第一刷発行

著　者　森《もり》　幸《ゆき》　夫《お》
発行者　吉川道郎
発行所　株式会社　吉川弘文館
東京都文京区本郷七丁目二番八号
郵便番号一一三—〇〇三三
電話〇三—三八一三—九一五一〈代表〉
振替口座〇〇一〇〇—五—二四四
http://www.yoshikawa-k.co.jp/
印刷＝株式会社 平文社
製本＝ナショナル製本協同組合
装幀＝清水良洋・高橋奈々

ISBN978-4-642-05935-0

歴史文化ライブラリー

1996. 10

刊行のことば

現今の日本および国際社会は、さまざまな面で大変動の時代を迎えておりますが、近づきつつある二十一世紀は人類史の到達点として、物質的な繁栄のみならず文化や自然・社会環境を謳歌できる平和な社会でなければなりません。しかしながら高度成長・技術革新にともなう急激な変貌は「自己本位な刹那主義」の風潮を生みだし、先人が築いてきた歴史や文化に学ぶ余裕もなく、いまだ明るい人類の将来が展望できていないようにも見えます。このような状況を踏まえ、よりよい二十一世紀社会を築くために、人類誕生から現在に至る「人類の遺産・教訓」としてのあらゆる分野の歴史と文化を「歴史文化ライブラリー」として刊行することといたしました。

小社は、安政四年（一八五七）の創業以来、一貫して歴史学を中心とした専門出版社として書籍を刊行しつづけてまいりました。その経験を生かし、学問成果にもとづいた本叢書を刊行し社会的要請に応えて行きたいと考えております。

現代は、マスメディアが発達した高度情報化社会といわれますが、私どもはあくまでも活字を主体とした出版こそ、ものの本質を考える基礎と信じ、本叢書をとおして社会に訴えてまいりたいと思います。これから生まれでる一冊一冊が、それぞれの読者を知的冒険の旅へと誘い、希望に満ちた人類の未来を構築する糧となれば幸いです。

吉川弘文館

歴史文化ライブラリー

中世史

列島を翔ける平安武士 九州・京都・東国――野口　実
源氏と坂東武士――野口　実
敗者たちの中世争乱 年号から読み解く――関　幸彦
平氏が語る源平争乱――永井　晋
熊谷直実 中世武士の生き方――高橋　修
中世武士　畠山重忠 秩父平氏の嫡流――清水　亮
頼朝と街道 鎌倉政権の東国支配――木村茂光
六波羅探題 京を治めた北条一門――森　幸夫
大道　鎌倉時代の幹線道路――岡　陽一郎
仏都鎌倉の一五〇年――今井雅晴
鎌倉北条氏の興亡――奥富敬之
三浦一族の中世――高橋秀樹
伊達一族の中世「独眼龍」以前――伊藤喜良
弓矢と刀剣 中世合戦の実像――近藤好和
その後の東国武士団 源平合戦以後――関　幸彦
荒ぶるスサノヲ、七変化〈中世神話〉の世界――斎藤英喜
曽我物語の史実と虚構――坂井孝一
鎌倉浄土教の先駆者　法然――中井真孝
親　鸞――平松令三
親鸞と歎異抄――今井雅晴
畜生・餓鬼・地獄の中世仏教史 因果応報と悪道――生駒哲郎
神や仏に出会う時 中世びとの信仰と絆――大喜直彦
神仏と中世人 宗教をめぐるホンネとタテマエ――衣川　仁
神風の武士像 蒙古合戦の真実――関　幸彦
鎌倉幕府の滅亡――細川重男
足利尊氏と直義 京の夢、鎌倉の夢――峰岸純夫
高　師直 室町新秩序の創造者――亀田俊和
新田一族の中世「武家の棟梁」への道――田中大喜
皇位継承の中世史 血統をめぐる政治と内乱――佐伯智広
地獄を二度も見た天皇　光厳院――飯倉晴武
南朝の真実 忠臣という幻想――亀田俊和
信濃国の南北朝内乱 悪党と八〇年のカオス――櫻井　彦
中世の巨大地震――矢田俊文
大飢饉、室町社会を襲う!――清水克行
中世の富と権力 寄進する人びと――湯浅治久
中世は核家族だったのか 民衆の暮らしと生き方――西谷正浩
出雲の中世 地域と国家のはざま――佐伯徳哉

歴史文化ライブラリー

- 中世武士の城——齋藤慎一
- 戦国の城の一生 つくる・壊す・蘇る——竹井英文
- 徳川家康と武田氏 信玄・勝頼との十四年戦争——本多隆成
- 戦国大名毛利家の英才教育 元就・隆元・輝元と妻たち——五條小枝子
- 戦国大名の兵粮事情——久保健一郎
- 戦乱の中の情報伝達 使者がつなぐ中世京都と在地——酒井紀美
- 戦国時代の足利将軍——山田康弘
- 〈武家の王〉足利氏 戦国大名と足利的秩序——谷口雄太
- 室町将軍の御台所 日野康子・重子・富子——田端泰子
- 名前と権力の中世史 室町将軍の朝廷戦略——水野智之
- 摂関家の中世 藤原道長から豊臣秀吉まで——樋口健太郎
- 戦国貴族の生き残り戦略——岡野友彦
- 鉄砲と戦国合戦——宇田川武久
- 検証 長篠合戦——平山 優
- 織田信長と戦国の村 天下統一のための近江支配——深谷幸治
- 検証 本能寺の変——谷口克広
- 明智光秀の生涯——諏訪勝則
- 加藤清正 朝鮮侵略の実像——北島万次
- 落日の豊臣政権 秀吉の憂鬱、不穏な京都——河内将芳
- 豊臣秀頼——福田千鶴
- イエズス会がみた「日本国王」 天皇・将軍・信長・秀吉——松本和也
- 海賊たちの中世——金谷匡人
- アジアのなかの戦国大名 西国の群雄と経営戦略——鹿毛敏夫
- 琉球王国と戦国大名 島津侵入までの半世紀——黒嶋 敏
- 天下統一とシルバーラッシュ 銀と戦国の流通革命——本多博之

近世史

- 慶長遣欧使節 伊達政宗が夢見た国際外交——佐々木 徹
- 徳川忠長 兄家光の苦悩、将軍家の悲劇——小池 進
- 女と男の大奥 大奥法度を読み解く——福田千鶴
- 細川忠利 ポスト戦国世代の国づくり——稲葉継陽
- 家老の忠義 大名細川家存続の秘訣——林 千寿
- 隠れた名君 前田利常 加賀百万石の運営手腕——木越隆三
- 明暦の大火 「都市改造」という神話——岩本 馨
- 江戸の政権交代と武家屋敷——岩本 馨
- 江戸の町奉行——南 和男
- 大名行列を解剖する 江戸の人材派遣——根岸茂夫
- 江戸大名の本家と分家——野口朋隆
- 〈甲賀忍者〉の実像——藤田和敏

歴史文化ライブラリー

江戸の武家名鑑 武鑑と出版競争—藤實久美子
江戸の出版統制 弾圧に翻弄された戯作者たち—佐藤至子
武士という身分 城下町萩の大名家臣団—森下 徹
旗本・御家人の就職事情—山本英貴
武士の奉公 本音と建前 江戸時代の出世と処世術—高野信治
宮中のシェフ、鶴をさばく 江戸時代の朝廷と庖丁道—西村慎太郎
犬と鷹の江戸時代 〈犬公方〉綱吉と〈鷹将軍〉吉宗—根崎光男
紀州藩主 徳川吉宗 明君伝説・宝永地震・隠密御用—藤本清二郎
近世の巨大地震—矢田俊文
外来植物が変えた江戸時代 里湖・里海の資源と都市消費—佐野静代
死者のはたらきと江戸時代 遺訓・家訓・辞世—深谷克己
闘いを記憶する百姓たち 江戸時代の裁判学習帳—八鍬友広
江戸時代の瀬戸内海交通—倉地克直
江戸のパスポート 旅の不安はどう解消されたか—柴田 純
江戸の捨て子たち その肖像—沢山美果子
江戸の乳と子ども いのちをつなぐ—沢山美果子
江戸時代の医師修業 学問・学統・遊学—海原 亮
江戸幕府の日本地図 国絵図・城絵図・日本図—川村博忠
踏絵を踏んだキリシタン—安高啓明
墓石が語る江戸時代 大名・庶民の墓事情—関根達人
石に刻まれた江戸時代 無縁・遊女・北前船—関根達人
近世の仏教 華ひらく思想と文化—末木文美士
松陰の本棚 幕末志士たちの読書ネットワーク—桐原健真
龍馬暗殺—桐野作人
日本の開国と多摩 生糸・農兵・武州一揆—藤田 覚
幕末の世直し 万人の戦争状態—須田 努
幕末の海軍 明治維新への航跡—神谷大介
海辺を行き交うお触れ書き 浦触の語る徳川情報網—水本邦彦
江戸の海外情報ネットワーク—岩下哲典

近・現代史

江戸無血開城 本当の功労者は誰か?—岩下哲典
五稜郭の戦い 蝦夷地の終焉—菊池勇夫
水戸学と明治維新—吉田俊純
大久保利通と明治維新—佐々木 克
刀の明治維新 「帯刀」は武士の特権か?—尾脇秀和
維新政府の密偵たち 御庭番と警察のあいだ—大日方純夫
京都に残った公家たち 華族の近代—刑部芳則
文明開化 失われた風俗—百瀬 響

歴史文化ライブラリー

- 西南戦争 戦争の大義と動員される民衆——猪飼隆明
- 大久保利通と東アジア 国家構想と外交戦略——勝田政治
- 明治の政治家と信仰 クリスチャン民権家の肖像——小川原正道
- 文明開化と差別——今西 一
- 大元帥と皇族軍人 明治編——小田部雄次
- 皇居の近現代史 開かれた皇室像の誕生——河西秀哉
- 日本赤十字社と皇室 博愛か報国か——小菅信子
- 神都物語 伊勢神宮の近現代史——ジョン・ブリーン
- 陸軍参謀 川上操六 日清戦争の作戦指導者——大澤博明
- 日清・日露戦争と写真報道 戦場を駆ける写真師たち——井上祐子
- 公園の誕生——小野良平
- 鉄道忌避伝説の謎 汽車が来た町、来なかった町——青木栄一
- 軍隊を誘致せよ 陸海軍と都市形成——松下孝昭
- 軍港都市の一五〇年 横須賀・呉・佐世保・舞鶴——上杉和央
- 〈軍港都市〉横須賀 軍隊と共生する街——高村聰史
- お米と食の近代史——大豆生田 稔
- 日本酒の近現代史 酒造地の誕生——鈴木芳行
- 失業と救済の近代史——加瀬和俊
- 近代日本の就職難物語 「高等遊民」になるけれど——町田祐一
- 海外観光旅行の誕生——有山輝雄
- 難民たちの日中戦争 戦火に奪われた日常——芳井研一
- 昭和天皇とスポーツ 〈玉体〉の近代史——坂上康博
- 大元帥と皇族軍人 大正・昭和編——小田部雄次
- 昭和陸軍と政治 「統帥権」というジレンマ——高杉洋平
- 海軍将校たちの太平洋戦争——手嶋泰伸
- 松岡洋右と日米開戦 大衆政治家の功と罪——服部 聡
- 稲の大東亜共栄圏 帝国日本の〈緑の革命〉——藤原辰史
- 地図から消えた島々 幻の日本領と南洋探検家たち——長谷川亮一
- 自由主義は戦争を止められるのか 芦田均・清沢洌・石橋湛山——上田美和
- モダン・ライフと戦争 スクリーンのなかの女性たち——宜野座菜央見
- 軍用機の誕生 日本軍の航空戦略と技術開発——水沢 光
- 首都防空網と〈空都〉多摩——鈴木芳行
- 帝都防衛 戦争・災害・テロ——土田宏成
- 陸軍登戸研究所と謀略戦 科学者たちの戦争——渡辺賢二
- 帝国日本の技術者たち——沢井 実
- 強制された健康 日本ファシズム下の生命と身体——藤野 豊
- 戦争とハンセン病——藤野 豊
- 「自由の国」の報道統制 大戦下の日系ジャーナリズム——水野剛也

歴史文化ライブラリー

海外戦没者の戦後史 遺骨帰還と慰霊――浜井和史
学徒出陣 戦争と青春――蜷川壽惠
特攻隊の〈故郷〉 霞ヶ浦・筑波山・北浦・鹿島灘――伊藤純郎
沖縄戦 強制された「集団自決」――林 博史
陸軍中野学校と沖縄戦 知られざる少年兵「護郷隊」――川満 彰
沖縄戦の子どもたち――川満 彰
沖縄からの本土爆撃 米軍出撃基地の誕生――林 博史
原爆ドーム 物産陳列館から広島平和記念碑へ――頴原澄子
米軍基地の歴史 世界ネットワークの形成と展開――林 博史
沖縄米軍基地全史――野添文彬
考証 東京裁判 戦争と戦後を読み解く――宇田川幸大
昭和天皇退位論のゆくえ――冨永 望
ふたつの憲法と日本人 戦前・戦後の憲法観――川口暁弘
戦後文学のみた〈高度成長〉――伊藤正直
首都改造 東京の再開発と都市政治――源川真希
鯨を生きる 鯨人の個人史・鯨食の同時代史――赤嶺 淳

文化史・誌

落書きに歴史をよむ――三上喜孝
山寺立石寺 霊場の歴史と信仰――山口博之
跋扈《ばっこ》する怨霊 祟りと鎮魂の日本史――山田雄司
将門伝説の歴史――樋口州男
藤原鎌足、時空をかける 変身と再生の日本史――黒田 智
空海の文字とことば――岸田知子
日本禅宗の伝説と歴史――中尾良信
殺生と往生のあいだ 中世仏教と民衆生活――苅米一志
浦島太郎の日本史――三舟隆之
〈ものまね〉の歴史 仏教・笑い・芸能――石井公成
戒名のはなし――藤井正雄
墓と葬送のゆくえ――森 謙二
運 慶 その人と芸術――副島弘道
ほとけを造った人びと 止利仏師から運慶・快慶まで――根立研介
祇園祭 祝祭の京都――川嶋將生
洛中洛外図屛風 つくられた〈京都〉を読み解く――小島道裕
化粧の日本史 美意識の移りかわり――山村博美
乱舞の中世 白拍子・乱拍子・猿楽――沖本幸子
神社の本殿 建築にみる神の空間――三浦正幸
古建築を復元する 過去と現在の架け橋――海野 聡
大工道具の文明史 日本・中国・ヨーロッパの建築技術――渡邉 晶

歴史文化ライブラリー

苗字と名前の歴史——坂田 聡
日本人の姓・苗字・名前 人名に刻まれた歴史——大藤 修
大相撲行司の世界——根間弘海
日本料理の歴史——熊倉功夫
日本の味 醤油の歴史——林 玲子・天野雅敏編
中世の喫茶文化 儀礼の茶から「茶の湯」へ——橋本素子
香道の文化史——本間洋子
天皇の音楽史 古代・中世の帝王学——豊永聡美
流行歌の誕生 「カチューシャの唄」とその時代——永嶺重敏
話し言葉の日本史——野村剛史
柳宗悦と民藝の現在——松井 健
たたら製鉄の歴史——角田徳幸
金属が語る日本史 銭貨・日本刀・鉄炮——齋藤 努
書物と権力 中世文化の政治学——前田雅之
災害復興の日本史——安田政彦

民俗学・人類学

日本人の誕生 人類はるかなる旅——埴原和郎
倭人への道 人骨の謎を追って——中橋孝博
役行者と修験道の歴史——宮家 準
幽霊 近世都市が生み出した化物——髙岡弘幸
雑穀を旅する——増田昭子
川は誰のものか 人と環境の民俗学——菅 豊
名づけの民俗学 地名・人名はどう命名されてきたか——田中宣一
記憶すること・記録すること 聞き書き論ノート——香月洋一郎
柳田国男 その生涯と思想——川田 稔

世界史

神々と人間のエジプト神話 魔法・冒険・復讐の物語——大城道則
中国古代の貨幣 お金をめぐる人びとと暮らし——柿沼陽平
渤海国とは何か——古畑 徹
古代の琉球弧と東アジア——山里純一
アジアのなかの琉球王国——高良倉吉
琉球国の滅亡とハワイ移民——鳥越皓之
イングランド王国前史 アングロサクソン七王国物語——桜井俊彰
フランスの中世社会 王と貴族たちの軌跡——渡辺節夫
ヒトラーのニュルンベルク 第三帝国の光と闇——芝 健介
人権の思想史——浜林正夫

考古学

タネをまく縄文人 最新科学が覆す農耕の起源——小畑弘己

歴史文化ライブラリー

古代の都はどうつくられたか 中国・日本・朝鮮・渤海——吉田　歓
平城京に暮らす 天平びとの泣き笑い——馬場　基
平城京の住宅事情 貴族はどこに住んだのか——近江俊秀
すべての道は平城京へ 古代国家の〈支配の道〉——市　大樹
都はなぜ移るのか 遷都の古代史——仁藤敦史
聖武天皇が造った都 難波宮・恭仁宮・紫香楽宮——小笠原好彦
天皇側近たちの奈良時代——十川陽一
藤原仲麻呂と道鏡 ゆらぐ奈良朝の政治体制——鷺森浩幸
遣唐使の見た中国——古瀬奈津子
古代の女性官僚 女官の出世・結婚・引退——伊集院葉子
〈謀反〉の古代史 平安朝の政治改革——春名宏昭
平安朝　女性のライフサイクル——服藤早苗
平安貴族の住まい 寝殿造から読み直す日本住宅史——藤田勝也
平安京のニオイ——安田政彦
平安京の災害史 都市の危機と再生——北村優季
平安京はいらなかった 古代の夢を喰らう中世——桃崎有一郎
天神様の正体 菅原道真の生涯——森　公章
平将門の乱を読み解く——木村茂光
安倍晴明 陰陽師たちの平安時代——繁田信一
平安時代の死刑 なぜ避けられたのか——戸川　点
古代の神社と神職 神をまつる人びと——加瀬直弥
古代の食生活 食べる・働く・暮らす——吉野秋二
大地の古代史 土地の生命力を信じた人びと——三谷芳幸
時間の古代史 霊鬼の夜、秩序の昼——三宅和朗

各冊一七〇〇円～二一〇〇円（いずれも税別）
▽残部僅少の書目も掲載してあります。品切の節はご容赦下さい。
▽品切書目の一部について、オンデマンド版の販売も開始しました。
詳しくは出版図書目録、または小社ホームページをご覧下さい。